创新创业教育译丛

杨晓慧 王占仁 主编

本科生创业教育

〔澳〕科林·琼斯 著

王占仁 译

汪 溢 吴 瑕 校
武晓哲 常飒飒

2016年·北京

TEACHING ENTREPRENEURSHIP TO UNDERGRADUATES

Copyright © Colin Jones 2011

This edition arranged with Edward Elgar Publishing Limited

through Big Apple Agency, Inc., Labuan, Malaysia.

All rights reserved.

中译丛书序言

高校深入开展创新创业教育对于提高高等教育质量、促进学生全面发展、推动毕业生就业创业、服务创新型国家建设发挥了重要作用。高校创新创业教育的基本定位是培养创新创业型人才，造就"大众创业、万众创新"的生力军。为了切实提高创新创业型人才培养质量，就要把创新创业教育真正融入高校人才培养全过程，以培养创新创业型人才为核心目标，以把握创新创业型人才成长规律为基本依据，以创新创业型人才培养质量为主要评价标准，在创新创业型人才培养视域下规划和推进高校创新创业教育。

培养创新创业型人才是国家实施创新驱动发展战略、促进经济提质增效升级的迫切需要。在创新型国家建设的新形势下，国家对创新创业教育有了新的期待，希望创新创业教育能够培养冲击传统经济结构、带动经济结构调整的人才，这样的人才就是大批的创新创业型人才，以此来支撑从"人力资源大国"到"人力资源强国"的跨越。

培养创新创业型人才是世界高等教育发展的必然趋势。创新驱动的实质是人才驱动，国家需要的创新创业型人才，主要依靠高等教育来培养。但现有的高等教育体制机制还不足以满足创新型人才培养的需要，必须要进行深入改革。这种改革不是局部调整，而是系统革新。这恰好需要高校创新创业教育先行先试，发挥示范引领作用，以带动高等教育的整体转型。

培养创新创业型人才是高校创新创业教育当前所处历史方位的必然要求。我们要清醒地认识到高校创新创业教育当前所处的发展阶段，以及将来能够发挥什么作用。当前，高校创新创业教育已经在大胆尝试和创新中完成了从无到有的初级目标，关于未来发展就是要看它能为对它有所期待、有所需要的国家、社会、高等教育和广大学生创造何种新价值。国内外创业教育的实践都充分表明，高校创业教育的核心价值是提升人们的创新意识、创业精神和创业能力，即培养创新创业型人才。这是高校创新创业教育能够有所作为并且必须有所作为的关键之处。

在我国深化高等学校创新创业教育改革的同时，世界范围内的很多国家也在大力发展创新创业教育。这其中有创新创业教育起步较早的国家和地区，已经形成了"早发内生型"的创新创业教育模式，如美国的创新创业教育。也有起步较晚的国家和地区，形成的"后发外生型"的创新创业教育模式也值得学习和借鉴，如欧盟的创新创业教育。因此，我们需要从中国创新创业教育的发展逻辑和迫切需要出发，进行国际比较研究。创新创业教育的国际比较面临着夯实理论基础、创新研究范式、整合研究力量等艰巨任务，其中一个非常重要的前提性、基础性的工作就是加强学术资源开发，特别是要拥有世界上创新创业教育相关理论和实践的第一手资料，这就需要开展深入细致的文献翻译工作。目前围绕国外创新创业教育理论及实践，学界虽不乏翻译力作，但成规模、成系统的译丛还不多见，难以满足创新创业教育的长远发展需要。

正是从创新创业教育的时代背景和学科立场出发，我们精选国外创新创业教育相关领域具有权威性、代表性、前沿性的力作，推出了具有很高研究价值与应用价值的系列翻译作品——《创新创业教育译丛》（以下简称"译丛"）。译丛主要面向创新创业教育领域的研究者，帮助其开阔研究视野，了解全世界创新创业教育的发展现状；面向教育主管部门的决策者、中小学及高校从事创新创业教育的工作者，帮助其丰富教育方法，实现理论认知水平与教育水平的双重提升；面向创新创业教育专业及其他专业的本科生与研究生，在学习内容和学习方法上为其提供导向性支持，使之具备更广阔的专业视角和更完善的知识结构，从而为自我创业打下坚实的基础并能应对不断出现的种种挑战。

基于以上考虑，译丛的定位是体现权威性、代表性和前沿性。权威性体现在译丛选取与我国创新创业教育相关性大、国际学术界反响好的学术著作进行译介。既有国外相关领域知名专家学者的扛鼎力作，也有创业经历丰富、观点新颖的学术新秀的代表性著作。代表性体现在译丛选取了在全球创新创业教育领域位居前列的美国、芬兰、英国、澳大利亚和新加坡等国家，着重介绍了创新创业教育在各国的教学理念、教育模式、发展现状，有力展现了创新创业教育理论研究与实践探索的最新现实状况及前沿发展趋势。前沿性体现在译丛主体选取了自2000年以来的研究专著，确保入选书目是国外最新的研究力作。在研究主题上，入选书目聚焦了近年来学界集中关注的热点难点问题，紧扣我国创新创业教育发展的重大问题，把握国外创新创业教育理论与实践的最新动态，为深化创新创业教育改革提供前沿性理论支撑和实践引导。

译丛精选了十二本专著，计划分批翻译出版，将陆续与广大读者见面。它们分别是《本科生创业教育》《研究生创业教育》《创业教育与培训》《创业教育：美国、英国和芬兰的争论》《创新与创业教育》《创业教育评估》《国际创业教育》《广谱式创业生态系统发展》《广谱式创业教育》《创业教育研究（卷一）》《创业教育研究（卷二）》和《创业教育研究（卷三）》。

译丛坚持"以我为主、学习借鉴、交流对话"的基本原则，旨在丰富我国创新创业教育在国外译著、理论研究与实践探索等方面的学术资源，实现译著系列在学科定位、理论旨趣以及国别覆盖上的多重创新，为推动学术交流和深度对话提供有力支撑。

杨晓慧

2015年12月25日

作者中文版序言

本书被翻译成中文出版，我对此深感荣幸。本书并没有把任何特定的社会阶层设定为目标读者，我为自己能有这样的写作初衷而高兴。在我看来，世界各国都需要培养理性创业者。社会对理性创业者的需求与日俱增，同时，我也看到教育工作者面临的种种挑战。2011年，本书发行了第一版。在随后的几年里，我和很多教育工作者又就书中的观点进行了讨论。大家非常支持我提出的观点，这让我倍感欣慰。在此，我希望通过阅读本书，读者可以成功地提升自己的创业教育能力。

近年来，中国的创业行为比比皆是，我坚信在未来的几年中这股创业浪潮会更加波澜壮阔。世界上的其他经济体都在做出调整以适应社会中不断增长的创业阶层，中国亦是如此。科技具有巨大冲击力，并且将国家和国际市场紧密联系在一起，这种冲击和影响是一个不可逆转的趋势。这也就意味着我们要帮助学生发现身边的机会，对此，我们肩负着越来越重要的责任。职场正在发生改变，很多学生都必须要去迎接因世界经济变革而产生的新角色。

其实，真正的挑战并不在于帮助学生理解生存型创业和机会型创业的区别，而是要让他们了解自己；让他们有信心去建立必需的社会、人力和金融资本，从而让创意变为现实；让他们经历失败并鼓起勇气敢于再次尝试；让他们在学习的过程中变得更加具备创业精神。本书的初衷是给读者一个参考，让你们帮助自己的学生成为创业者。希望你们享受本次阅读之旅，并且我也鼓励你们在支持学生智力发展的同时，给予他们充分的信任。

科林·琼斯

目　录

图·· vii
表·· viii
卷首语·· ix
致谢·· x
导论·· xi

第一部分　问题范围界定

第一章　教学理念··· 2
第二章　创业教育··· 21
第三章　本体论的困境·· 36

第二部分　学生学习的本质

第四章　理性冒险者··· 50
第五章　学生多样性··· 70
第六章　学习环境··· 83
第七章　资源配置··· 97

第三部分　创业能力培养

第八章　推销的艺术……………………………………… 110
第九章　创意评估………………………………………… 125
第十章　创业计划………………………………………… 139

第四部分　努力建设学习的生态环境

第十一章　诠释互动……………………………………… 150

附录………………………………………………………… 166
参考文献…………………………………………………… 173
译后记……………………………………………………… 180

图

1-1 高等教育教学情境示意图　4
1-2 教学理念的简化情境示意图　5
1-3 教学理念的反复式发展　7
1-4 教学理念及课程设置的演化　13
1-5 影响教学理念的来源　16
1-6 教授创业课程所使用的方法类型　16
2-1 创业教育的首要目的　28
2-2 接受创业教育的毕业生及创业活动　28
2-3 创业教育面临的挑战　29
3-1 本体论三位一体关系图　37
3-2 巴斯卡提出的三个相互重合的实在领域　39
3-3 创业教育的首要价值　44
3-4 三种科学研究范式及其要素　48
4-1 交互实体与复制实体　63
4-2 思维习惯的修正与学生演示　65
4-3 为接受创业教育的学生规划的建议性人生方向　67
5-1 塔斯马尼亚大学四个创业小组的学生多样性　72
6-1 拟建的生态位构建的因果关系路径　87
6-2 生态位构建和建构性协同的结合　91
8-1 人格、气质和性格的融合　112
8-2 交易游戏　118
9-1 创业知识的环境　130
9-2 创意评估过程输出　136
10-1 判断、假设、问题和答案　145
11-1 哈斯克尔相互作用理论的改编版本　151

表

2-1	同创业思维相关的学习结果	27
5-1	塔斯马尼亚大学四个创业小组组内的学生多样性调查	72
5-2	模型结构矩阵	73
5-3	函数特征值	74
5-4	判别函数检验 Wilks' lambda 表达式	74
5-5	选取的学生多样性的维度	75
9-1	创意过程侧重点	132

卷首语

我认为此书将是世界上第一本深入探索创业教育理念和实践的书。该书具有很多独一无二（和开创性）的特点，其重点不在于教学，而在于学习的过程。该书作者是一位经历过失败和挫折的创业者，他与大家分享了自己的学习历程，讲述了一段从创业者到教育者的蜕变经历，发人深省，耐人寻味。作者关注接受高等教育的学生的需求，强调他们学习的自主性。作者旨在说明学习自主性在现实中的意义，同时说明如何在学生已掌握知识的基础上进行教学，以及学生多样性对于学习环境的价值。和创业教育领域其他的书籍有所不同，该书不拘泥于传统，为读者呈现了一次别开生面的讨论会，鼓励读者思考、反思甚至参与讨论。读着该书，读者仿佛在与作者交流和对话。

该书能够帮助从事创业教育的教育者摒弃商学院的固有传统，捍卫自己的观点；同时也在更广泛的教学理念范围内捍卫了创业教育的地位。该书并没有刻意回避一些"传统的"商业教育观点，如创业计划、创意产生和创意实施，以及非常有趣的个人"推销"能力的培养，这些和盛行的"市场营销"方法截然不同。

虽然个人理念贯穿全书，但作者敢于探索国际范围内的各种创业教育理念和方法。更加难能可贵的是，作者强调个人发展和反思的重要性；此外，作者也关注学生的观点（其中不乏很多生动的例子）以及作为辅助者的教育者应该站在什么样的立场，通过学习的过程，帮助学生重点培养哪些创业特质。该书不求毫无争议，但求能引发读者思考作者提出的建议。最后，希望每位致力于创业教育的教育者都能有所收获。

艾伦·吉布

英国杜伦大学荣誉教授

致 谢

非常感谢我在塔斯马尼亚大学各种课堂上教过的学生，如果没有他们的信任和冒险意识，这本书是根本不可能完成的。这些学生是我在创业教育领域中进行探索的动力源泉。而且教学相长，我也获益匪浅。

到目前为止，我结识了很多出色的教育家。他们分享了很多自己的看法，并给予我继续完善自己观点的动力。从某种意义上讲，本书呈现的很多观点都归功于那些我曾经教授过及目前正在教授的学生，还要归功于许多与我交流过的教育者。我要向他们表达最诚挚的谢意。我要特别感谢波莉·麦吉博士，她对我的书稿提出了宝贵的反馈意见。

我在学术上的进步要尤其归功于另外两位同事，他们给予了我极大的帮助。首先我要感谢杰克·英格利希副教授，是他引领我走进了学术殿堂。我还要感谢哈利·马特雷教授。他始终支持我将自己的观点和理念著书出版。缺少了合适的导师的引导与提携，我们无法在各自的领域有所建树。从这个角度来说，我是非常幸运的。

本书还要献给以下几位。首先是我的父亲戴维，他总是鼓励我要相信梦想可以成真。其次要献给一位出色的教育家莫琳·威廉森，她让我相信人人都能拥有梦想。另外，本书还要献给那些在过去、现在及将来师从于我的学生及世界上所有敢于怀揣梦想的创业教育界的同仁。最后，本书要献给我的家人凯瑟琳、娜塔莎、德尔森和特里肯。为了探求和了解全球创业教育的全貌，我需要经常出差，万分感谢他们对我的包容。

科林·琼斯

导 论

首先,我要明确本书的写作目的。本书不是为了要阐明应该为本科生讲授哪些教学内容,也不是要介绍和创业教育相关的教学方法,而是要在高等教育情境下,对如何教授创业教育这一问题进行深层次探索。因此,本书的主要目的不在于如何教授,而在于让学生知道该如何学习。事实上,本书完全采用了以学生为中心的视角,不但对各高等院校开设创业教育课程的现状进行了调查,还分享了我自身的经验,同时也借鉴了一些其他从事该领域的教育者们的观点,这些都为本书指明了方向,设定了航标。换言之,本书的目的既不是要贴近某些主流教材,也不是要将其观点进一步延伸。恰恰相反,本书旨在激励每个创业教育者做到以下几点:(1)预设"学生个性化"的学习结果,(2)构想各种学习活动来帮助学生明确学习结果,(3)构建适合(并可靠)的评价过程来引导学生学习。为了实现这些目的,我对本书所囊括或讨论的所有问题都进行了仔细思考。首先,让我们共同了解各章节的主旨梗概。

章节要览

第一章 教学理念

第一章的探讨基于这样一个基本问题:学生应该怎样学习才能具备创业精神?在塔斯马尼亚大学,对这一基本问题的探讨已经成为教师在创业教育教学中采用独特教学方法的推动力。借助这一答案,我们形成了独树一帜的教学理念,这一理念是真正以学生为中心来开展创业教学项目的基石。此前称作"此时此地模式"（*hic et nunc* model）。① 本章的目的如下：（1）让读者根据自己的方法及教学理念，在书中找到与之相对应的方法；（2）给读者提供一个简单的操作范例，来说明创业教育项目随着时间的推移会发生的变化。本章注重思考，目的是让读者平静地从学生需要的角度出发，而不是从其他学者、学院和学校的视角来进行探索。要使读者明确什么是高等教育中存在的对话关系的中心（即一旦忽视了其中的某个要素，就无法解释学生的学习结果、教育者、学院和学校之间的关系），这会引导读者重新审视自己所处的教学环境。最后探讨的是一个颇有争议的问题：在学生需要学习的知识中，至少有一半其已经学习过了。所以，教师有责任为学生提供一种学习环境，让他们可以（通过自省或群体思考的方式）质疑各种认识论上的假设，为他们开启一条新的学习之路。总之，第一章向读者介绍了作者的教学理念，并且让读者创造或解释他们自己的教学理念。

第二章 创业教育

第二章不再探讨作者所持的基本理念，而是探讨创业教育的历史、目前所采用的教学方式以及高校内部存在的种种争议。其中，特别提到了人们在高校创业教育领域采用的教学方法（已确定的方法超过44种）。② 通过重新审视创业教育在高等教育情境下的教学现状，我们可以明显发现创业教育面临的机遇和挑战。除此之外，本章还向读者介绍了几位全球知名的教育家，他们的观点与本书的探讨交相辉映。所以，本章的目的在于让读者进一步了解目前全球关于创业课程的各种教学观点。当然，由于这一领域的教育者们面临各种不同的挑战，他们的某些观点可能跟

---

① 参见琼斯（Jones，2006a）。作者探讨了"此时此地模式"并提供了实例。
② 基于英国大学生创业促进委员会目前所做的研究工作。

本书作者所持观点大相径庭。

第三章 本体论的困境

本章探讨的范围较广，集中探讨了以下几个问题：创业教育的社会价值，[1] 创业教育的基本要素[2] 及在高等教育情境下创业教育的合法性。[3] 基于对创业教育本体论的思考，本章探讨了关于本体论的基本内容。本章最关键的内容是要说明学生是通过何种方式，以及在什么时候具有创业意识。医学院校的学生毕业从医，建筑专业的学生毕业成为工程师，教育专业的学生则从事教学。然而，接受创业教育的学生却很少成为创业者（从实际创办企业的意义上来讲）。在毕业之际，学生可以使用哪些从创业教育中学到的知识，并获得哪些具有现实意义的价值形式？显然，将这些问题的答案加以明确是至关重要的。另外，为了在毕业前获得一些特殊的知识和技能，接受创业教育的毕业生面临种种特殊的挑战，造成这些挑战的原因也是我们所关注的焦点。

接下来，本章探讨了一个连续反思的过程，以此来说明学生改变思维习惯有助于培养其创业能力。为了进一步说明该问题，对于创业教育有哪些首要的价值形式，本章还提供了其他教育者的观点。在结论部分，本章提出了教育者们发现的一系列挑战，以此确保在适当的课程开发中可以应对一些原有的本体论性质的挑战。

---

[1] 参见戴维·斯托里（David Storey, 2009）。2008年，国际中小企业协会在加拿大的哈利法克斯召开了会议，戴维·斯托里与会并发言，他评论了创业教育的社会价值，对以往人们认为的创业教育和向社会输送创业人才的关系提出了质疑。

[2] 2009年，比尔·拜格雷夫（Bill Bygrave）在澳大利亚创业研究学院于阿德莱德召开的大会上展示了其在百森学院的研究成果，论证了求学期间制订创业计划对未来创业的消极影响。

[3] 参见凯文·欣德尔（Kevin Hindle, 2007）。他认为在高等教育中，创业教育的合法性还未发展成型。

第四章 理性冒险者

第四章提供了一个范例，展示了如何打造一门有利于学生发展的课程进而使资源库得以发展。在塔斯马尼亚大学进行的实验围绕着"理性冒险者"①这个概念，把课程设置的重点放在确保使学习活动有助于培养理性冒险者应具备的六个特质上。第一个特质是智力能力，即可以在持相信态度者和怀疑态度者这两个不同角色之间转换的能力。第二个特质是可与他人结成亲密关系的能力，即拥有能够发现并理解他人个性的能力。第三个特质是价值判断的独立性，或称依靠个人经验而非已知外来权威进行评估判断的能力。含混容忍度是第四个特质，是一种把生命看作一系列的干扰和恢复活动的能力。②第五个特质是拥有广泛的兴趣，即对平常的事物抱有不寻常的兴趣。最后一个特质是拥有适度的幽默感。这种温和但又活跃的幽默感会使理性冒险者与众不同，会让与他们在一起的人感到愉悦。因此，我们的目标是培养全能型的毕业生，使之能够超越自己先天的智力水平，充分发挥自己的个性。

从本质上说，教师的角色也在逐渐改变。我们对于毕业生创业的美好憧憬已经悄然减退，我们更关心的是学生此时此地的学习和成长。③我们详细讨论了其他教育者看待学生培养问题的不同视角，目的是为广大教育者提供更多选择，激励他们创造性地设计自己的课程，使学生们在课堂上充分地释放自己。本章提出的最重要的问题是：作为教育工作者，我们必须不断挑战自己，思考我们研究和教授创业教育课程的目的，以及我们在整个过程中应该扮演的角色。

---

① 需要全面了解理性冒险者的概念，参见希斯（Heath，1964）。
② 参见杜威（Dewey, 1922）。
③ 关于对学生在此时此地进行教育的价值的讨论，参见怀特海（Whitehead, 1929）的研究。

第五章　学生多样性

本章的研究目的超越了学生作为个体学习者这一概念。我的研究方法的核心是通过学生合作来促进学习。承认高等教育中[1]日益凸显的学生多样性问题给教育工作者提供了一个独一无二的机会。先前的研究表明，学生多样性水平[2]越高，学习结果越显著。因此，此时此地的学习模式应当对学生多样性加以积极利用。想要驾驭学生自身的多样性，教育工作者面对的首要问题就是确定测量其多样性的维度。在本章中，学生相似度指数阐释了一个可用于确定在某一学习环境中学生多样性水平的简单办法。该指数有助于我们在学生、班级以及学生群体之间进行简单比较。事实上，对于"房间里的大象"（确实存在却被刻意回避的问题——译者注），我们不应该把它"藏在房间角落里"（对其保持沉默），而应该使它显露出来并对其加以利用。重要的是，学生应该了解课堂上学生多样性问题的本质，而这种认识也是他们进行反思练习的重要准备工作之一。

本章最后讨论了其他教育工作者处理学生多样性问题的方法。其目的不仅是平衡作者的观点，更是激发读者，使大家意识到多样性是学习环境中一个新的、有价值的因素，对塑造学习环境有着无限的可能。

第六章　学习环境

第六章强调了学生在创造学习环境时可能会起到的重要作用。本章提出，将建构性协同与包括标准参照评量在内的以学习者为中心的教学法两者相结合，会在许多方面赋予学生一定的权力。这不仅能提高学生

---

[1] 关于高等教育中始终存在的多样性问题的更多讨论，参见比格斯（Biggs, 2003）。
[2] 参见古林（Gurin, 1999）。

的学习能力,更赋予他们参与建设自身学习环境的权利。本章借用进化论理论,讨论了常被忽略的生态位构建的过程,这一过程往往有利于赋权的发生。推动这些讨论的主要驱动力是定期进行总结性和形成性反馈。

我认为,就学生完成既定学习目标的整体状况而言,学生自身会起到相当大的作用。学生一旦认识到这一点,他们的思维习惯就会发生改变。本章的意义在于重点讨论如何将以学习者为中心的教学理念应用于教与学。真正意义上以学习者为中心进行教学,会创造更多机会,建设良好的学习环境并帮助学生取得良好的学习结果。对于学习创业教育课程的学生来说,建立自信心[①]最为重要。大家普遍认为企业家能够创业并保持强大韧力的原因正是自信。再次重申,本章的讨论是基于这些观点对于创业教育工作者的牵引力,目的在于创造反思的空间,使大家认真思考该如何把学习环境不断变化的这种性质积极地运用到促进学生学习结果的活动中去。

第七章　资源配置

第七章讨论的问题是,为了取得将来的成功,学生必须开发或掌握哪些基本工具。从学生可能会考虑并真正尝试走上创业之旅[②]的角度来看,资源库[③]的概念最具解释力。当我们鼓励学生构想创业计划并向着那个目标努力时,我们必须注意,对于自己的创业构想,学生究竟具备哪些社会、人力和金融资本。如果缺少资源库这个先决条件,大学生创

---

① 参见海沃德等(Hayward et al., 2009)。
② 在本讨论的背景下,创业旅程关系到行为方式的评判标准不同于盛行的(当地的)取得进步的社会标准。经过改进,我们认为这个过程关系到个人位置的提升或其他人在社会中的位置的提升,当然这不一定取决于其经济获益。
③ 他们关于资源配置的更多讨论,尤其是他们对于创业行为的过程的解释,参见奥尔德里奇和马丁内斯(Aldrich and Martinez, 2001)。

业（与创业启动相关）多半会很艰难。[1]

在本章中，我们将讨论资源配置的两种变化模式，一个是资源库升级，另一个是资源库缩减。资源库缩减要求学生首先进行一些小规模的创业活动，在（不同程度的）成功和（或）失败之后反思自己个人和（或）小组的资源库对其创业活动的影响。资源库升级就像一个绘图练习。在这个过程中，学生首先要记录下某个特定项目所需的（个人的）资源，然后在班级范围内进行比较核对。班级同学把自己的关系、知识以及特殊资源的使用权转借给其他人，从而使所有同学的资源库得以升级。

结合全球创业教育的实践，我们考虑了学生资源库的重要性和（或）发展。再次重申，我们的目的是通过提高大家对这个问题的关注度，为大家创造一个反思空间并构想出可行的策略，希望藉此可以帮助学生理解建立资源库的重要性。

第八章 推销的艺术

第八章旨在驳斥一种学术上的观点，即营销不是推销。创业营销是一种行动导向的行为，需要综合策略和个人能力推销创意和自己。如果没有推销的能力，各种策略性知识的潜在价值就有可能不复存在。简单地说，我们的毕业生在创业的道路上必须独自前行。他们没办法指望别人来推进自己的事业，于是责任就落在他们自己的肩上。

创业营销可以简化成两个看似简单却又很严谨的问题。首先，你到底是向谁推销什么？[2] 其次，你的顾客是否有充分理由消费？如果学生能够回答上述问题，并且言之有理，他们未来就会成为很好的销售人员。显而易见，我们的难题是如何培养这种能力。本章旨在解决这个问题，

---

[1] 关于创业教育不应局限于创业背景下的讨论，参见赫加蒂和琼斯（Hegarty and Jones, 2008）。
[2] 参见劳迪什、摩根和卡利安普尔（Lodish, Morgan and Kallianpur, 2001）关于创业营销基本元素的概括。

除了个人的看法，我也参考了其他从事创业教育的教育者的观点。最终的目标是让大家了解推销能力培养的重要性。同时也为了激发大家的想象力，思考到底如何培养推销能力。

第九章　创意评估

第九章侧重创意的评估。新生创业者的周围经常会出现各种各样的创意，但由于缺乏经验和远见卓识，他们不知如何选择。这一章我们将概述一种结构化方法，对创意进行早期评估，① 从而识别真正有商业价值的创意。许多学生认为从新创意的产生到进入市场的过程只有一步之遥，因此他们意识不到这个过程会多么复杂、成本有多大且有多耗时。因此，在创新过程的早期就评估创意的可行性是很重要的，因为这个时期相对而言成本不大，也可尽快识别和规避风险。

正因为有很多与创业教育有关的教学法，确定商业潜力的方法也很多。在这章里，我们将介绍各种评估体系以及它们各自的优点供读者参考，旨在鼓励大家明确一点，即只有提供有效和可靠的方法评估创意，学生的需求才能够得到充分满足。

第十章　创业计划

第十章讨论的是一个有争议的话题——创业计划在高等教育中的价值。以前人们往往以为创业计划是创业教育的顶峰，但实际上它得失参半。近来，人们开始质疑② 创业计划的潜在价值以及是否有必要将其纳入创业教育。本章将会探讨这个重要问题并考虑各方面的意见。同时，我们也会呈现给大家其他形式的创业计划，供大家参考。这个计划会突显出

---

① 参见英格利希和莫特（English and Moate, 2009），或 http://www.teaching-entrepreneurship.com.html。

② 参见导论部分第9页注释②。

本体论的问题。从这个角度看来，我们会直面一种三难选择的困境——是选择支持学生的资源库，选择解释可以创造和获得的价值的条件，还是解释不能创造和（或）获得的价值的条件？于是，那些传统的创业计划的口号变得毫无意义。它们会被易懂的描述和有例证的附页替代，以增加可信度。

和之前的几章一样，这章也提到了其他教育者的观点作为平衡，鼓励大家反思应该如何和为什么要将创业计划有效地应用于创业教育中。这一章旨在明确创业计划的应用对从事创业教育的教育者大有裨益。同时，学生的"输出"不应归为毫无逻辑性的、虚构的东西。

第十一章　诠释互动

最后一章旨在考验大家是否能够抛开现有的教学环境，退一步重新审视自己的教学理念。读者将面临挑战，重新思考前几章讨论过的教育界权威人士的观点。和我们一样，这些人士也主张教师能够真正走进课堂，[1]尊重学生的权利，让他们主宰自己的未来；[2]他们也提出质疑，即当我们在研究课堂教学时，[3]使用的研究方法和得到的结果依据是什么。在这一章里，我们也融合了一些生态学的观点。从某种意义上说，大家需要将前几章提到的观点融会贯通，思考如何讲授创业教育。书本作者举了一些例子，用来解决本书中提到的一些难题，这些例子为大家呈现的是如何将教师的教学理念转变为（并不断调整）课堂上的一些学习活动。但是，这些例子本身并不是我们在教学路上的地图和指南针。本书也并非简单地收录了一些从事创业教育的教育者的观点。最后一章仿佛

---

[1] 参见帕尔默（Palmer, 1997）。
[2] 参见巴克斯特 – 马格达（Baxter-Magolda, 1998; 2004）关于"接受高等教育的学生如何控制自己的个人发展"的精辟评论。
[3] 参见斯科特（Scott, 2001）关于"高等教育教学环境下的批判实在论"的有见地的评论。

是一个邀请，让大家接受校园生态①的挑战，捕捉这些微妙、无形的因素，了解这些因素和学生学习效果之间的关系。如果我们善于探索和思考，便可以想象这些因素，控制它们，利用它们，为我们所用。

---

① 参见班宁（Banning, 1978）关于校园生态学派本源的见解。

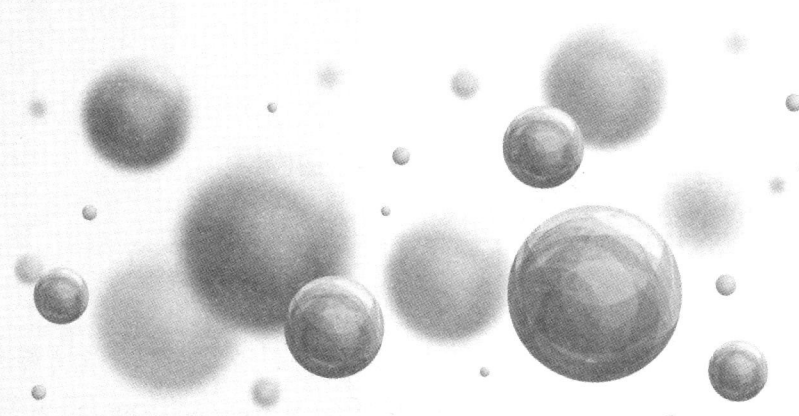

第一部分
问题范围界定

第一章　教学理念

大学之所以能够存在就在于它使老少两代人在富于想象力的学习中保持了知识与生活热情之间的联系。（Whitehead, 1929: 139）

假如你阅读本书的目的是要获取教学内容或教学方法方面的指导，那么你可能会大失所望。然而，对于那些想要揭示教师对学习者的学习所起的重要作用的读者们，本书则会提供有益的参考。正因如此，本书的题目原本就可以简单地命名为《如何让学生了解创业》。帕克·帕尔默（Parker Palmer）[1]曾说过："毫无疑问，教学的中心不是教授知识的教学者，而是学习知识的学习者……［然而］教师有能力创造条件让学生们获益，抑或相反，让其一无所获。"通过阅读本章，我希望可以邀你一起对自身角色进行定位，并共同见证这一重要的转变过程：从讲台上的圣者变为学生身边提供帮助的指导者及中间的协调者。[2]希望读者可以理解我的教学理念及其对学生学习结果的影响，这样可以让你反思如何教授创业课程。与此同时，本章还介绍了一些教育家，因为他们对我明确创业课程的教学方法产生了极大影响，所以我希望也可以为你们带来启迪和借鉴。因此，这一章具有深刻的反思价值。首先，我将分享本人在从事创业课程教学的九年中形成的一些最初的教学理念。

---

[1] 参见帕克·帕尔默（Parker Palmer, 1997: 7）。
[2] 参见埃丽卡·麦克威廉（Erica McWilliam, 2009）。

我一直认为，创业学习和记忆外部的知识体系并无关联，它实际上是对内部知识的自我认知。与之相关的并不总是一些计划好的或可预测的内容，而是那些未经计划或无法预测的事情。与创业学习息息相关的不是教育者的知识储备量，而是他们可以提供怎样的支持和帮助。学习过程需要创造新内容，而非一直维持现有的知识结构。这门课程没有过多的限制，具有很大的自由度，比如在探讨成功的同时也会关注失败。在我短暂的教学生涯中，这些最初的想法一直陪伴着我，几乎未曾改变。

我的教学理念的形成

在接受正规的学校教育期间，我曾是一个心不在焉、碌碌无为的失败者。学业成绩之所以得到提高，要归功于我所做过的一份工作——柴油车修理工学徒，这种职业教育要依赖经验进行学习。我的父亲是一名教师，就我看来，他一直真诚地帮助学生们去实现他们所希冀的学习结果。机缘巧合，在经历了一次重大的、改变命运的生意失败后，[①] 我获得了一次从教的机会。当时，刚刚从大学毕业并获得学位，我坚信三件事情：首先，教师应该努力帮助学生；其次，所有的学生都应全力参与到整个教学过程中；最后，教与学都需要建立在所有参与者真实反应的基础上。辨别出学习过程中出现的点滴细节之间的关系，这就是我的教学理念形成过程中面临的挑战。图 1-1 简明扼要地说明了自从成为一名创业教育教师，我一直面对的种种境况。

---

① 在成为塔斯马尼亚大学的讲师前，我是一名已创业多年的活跃的创业者。创业涉及金融服务、家政服务及农机进口等领域。在家政服务领域，我经历了严重的危机并以失败告终。在面临破产的窘境之下，为了使自己摆脱财政困境，我开始寻求法律方面的帮助，成为塔斯马尼亚大学市场营销及经济学专业的学生。但这一切也没能让我最终逃离破产的命运。毕业后，我得到了一个大学实践教师的职位，参与塔斯马尼亚大学最新开展的本科生创业项目。

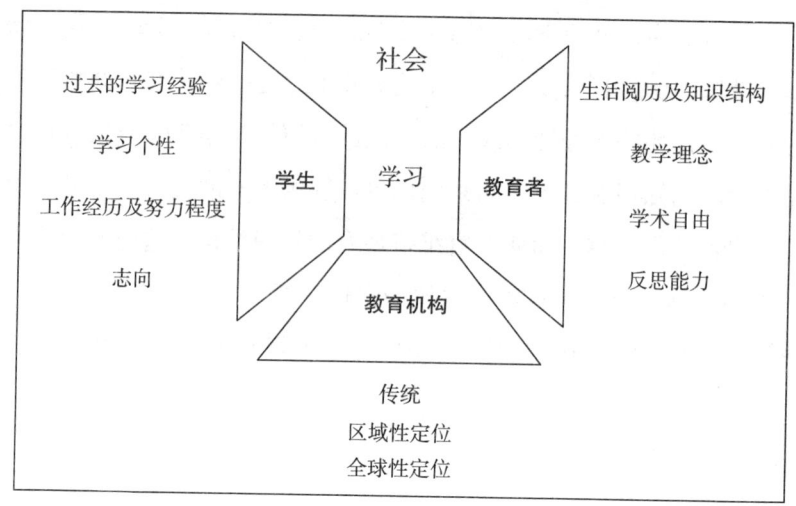

图 1-1 高等教育教学情境示意图

在高等教育教学情境中,学习涉及学生个体与教育者的互动,而他们彼此间的交流是在特定的大学环境中展开的。学生们所处的学习环境往往千差万别,这种差异之所以产生,大体可以归结为学生的参与度、科目领域的性质、教育者的投入程度及大学固有的制度和习俗等原因。每个学生都拥有区别于他人的学习和生活经历、学习个性、工作经历及努力程度,并且他们的个人志向也有所不同。同样,无论从显性还是隐性角度看,教育者都拥有不同的生活阅历及知识结构,自然会持有不同的教学理念。根据其身份地位,教师们也往往有不同级别的学术自由度,并且会根据各自不同的想法对教学进行不同的投入。另外,学校的传统及其区域性和全球性的定位都会对师生间互动的性质产生影响。最后一点大家应该非常了解,师生的互动方式对学校员工及整个校园文化都会产生很大影响。鉴于创业教育所具有的动态性本质,任何理想的教学理念的形成都会明显地遭到若干个因素的干扰,其中很多因素可能是难以控制的。难点就在于根据现有的教学理念来明确自己的角色。通常情况下,教师要不断地把自己的教学方法进行书面陈述。

	低自由度	高自由度
低合法性	成为被攻击的目标	勉强教学
高合法性	学生的需求是否得到了满足？	不断努力

图 1-2　教学理念的简化情境示意图

图 1-2 提供的是教学理念实施的情境简化示意图。无论大家是否有机会把自己的教学理念进行正式的书面陈述，我都认为教授创业课程时，教师要有警惕性，从而使自己免受教学活动以外的观念的影响。如果你拥有的自由度较低，而你的教学方法和其他同事的比较起来合法性较低的话，你就会成为一些人攻击的目标。因为人们通常会倾向于保护所处系统和体系的一致性，所以会想要"消灭"某些被视为异常的行为方式。为了进行教学活动，你的教学理念需要达到较高的合法性，而学校和国家级别的学科教学奖则是获得合法性的最显著的方式。然而，如果不能获得很高的学术自由度，再加上同事所造成的种种限制，学生的需求可能很难被满足。

同低合法性和低自由度相比，拥有低合法性且高自由度是一种较好的情况，但如果你的教学活动为大家所熟悉，这意味着你在教学上已经是强弩之末了。因此，合法性问题目前看起来很难得到解决。作为一名专职教师，只有当你得到学校的认可并能自由地去满足学生的一些实际需求时，创业教育才会真正带给你价值和意义。然而，即便是实现高合法性及高自由度，想要一直保持下去也绝非易事。当你在这个领域中加入更多的学习活动，并且要面对工作场合中的种种变化时，你的教学理念的本质仍然会受到威胁。我在创业教育领域结识的教育者中，很少有人可以完全自由地做自己想做的事情。最近，针对创业教育这个领域，人们对国际上一些教授该课程的教育者进行了调查（IE Survey，即国际教育者调查），[1] 至少有50%的受访者认为，在选择创业课程的教学方式时，自己可以感受到来自同事、学院、教职员工或所在学校方面的种种限制。既然和塔斯马尼亚大学的创业教育的形成和发展有关，请允许我讲一下自己的教学理念的形成过程。

个人发展之路

2002年，塔斯马尼亚大学引进了创业教育这门课程。基于先前所做的文献调查，[2] 我和一位同事认为采用以学生为中心的教学方式最为适合。我们两个人都有创业方面的经验，但都从未教授过这方面的课程。开始的筹备工作并不困难，我们都不约而同地认为应该让学生对自己的学习负责，在课堂上不宜总是强调教师的能力及权威，所以，我们认为在这方面应该有更大的潜力可挖掘。但是，在我们开始着手此事不久，这位同事就被调到另外一所大学去开展其他创业教学项目了，我便被留下来独自继续原来的项目。当时，我拥有大量可自由支配的时间，期间我还报名参加了一个关于教学资格证书的培训。因此，作为一个经验尚浅的教师，我可以同时学习很多教学理论方面的知识。从现实角度来讲，就是从那时起，我开始了真正意义上的反思：如何才能把自己教学理念的构想与创业教育应该采用的方法结合起来。回想起来，也是从那时起，我开始了对教学理念的反复式思考（见图1-3）。

---

[1] 国际教育者调查询问了来自35个国家的97名创业教育者，为本书的研究提供了参考（受访者的回答参见附录1）。

[2] 参见琼斯和英格利希（Jones and English, 2004）。

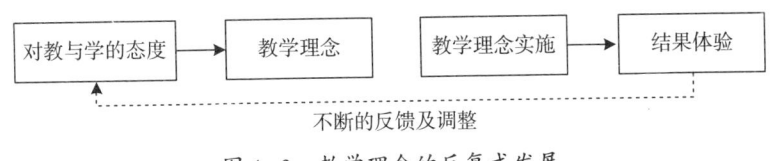

图 1-3　教学理念的反复式发展

最初，我阅读了约翰·比格斯（John Biggs）[①]的著作，接触了很多重要理念。通过这些著作，我进一步了解了很多前沿研究者的教育文献，这些著作具有开创性意义和参考价值。约翰·比格斯提出的建构性组合（constructive alignment）的教学过程帮助我将自己的反馈总结为三个最简单的问题：学生需要获得哪些知识？为了帮助学生获得预期的学习结果，哪些学习活动是最适合的？哪种评价方式可以让教师掌握学生是否已经达到预定的学习要求？教授创业教育这门课程的过程非常复杂，但我发现约翰·比格斯的教学过程操作简单，效果极佳。不过，在执行过程中仍会面临一些艰巨的挑战。总之，该教学过程为我形成自己的教学理念提供了支持。

由于对创业教育方面的文献有很强的求知欲，我阅读了艾伦·吉布（Allan Gibb）[②]的一系列著作。我非常认同他的观点：作为教育者，我们要创造一种学习环境让学生体验创业者的生活方式，让他们真正做到感同身受。此外，教师要给予学生更多的自由，让其成为学习的主人，自己创造学习机会并利用已拥有的社会资本去降低该方式所带来的风险。与此同时，我还开始关注斯蒂芬·布鲁克菲尔德（Stephen Brookfield）[③]的著作，他提出从四个具有批判意义的角度来观察教学：师生的自我经历、学生的见解、同事的阅历及对理论文献的贡献。由此，我开始迫切地渴望把学科理论和纯教育理论相结合。

在教学和学习态度发生转变的同时，我的教学理念也有所变化，并

[①] 参见约翰·比格斯（John Biggs, 2003）。
[②] 参见艾伦·吉布（Allan Gibb, 2002）。
[③] 参见斯蒂芬·布鲁克菲尔德（Stephen Brookfield, 1995）。

调整了为学生们制订的活动计划。此外，拉尔夫·泰勒（Ralph Tyler）[①]的著作对我也产生了巨大的影响。泰勒认为："学习是通过学习者的积极行为实现的，这个过程强调的是学生究竟学到了什么，而不是教师做到了什么。"对我而言，这代表着我可以摆脱传统方式的束缚，转而接受艾伦·吉布所提出的观点：让学生承担更多的责任。同时，这也要求我更好地了解学生在使用这种方法时受益的过程。学生对自己的行为进行反思，并逐步开始适应他们身处的不断变化的学习环境，看到这些，我自然而然就运用了进化理论来解释这一过程。

索尔斯坦·维布伦（Thorstein Veblen）[②]的著作提供了一种方法，帮助我们思考如何改变学生的思维习惯。如果把学习环境看作是持续的选择性压力的根源，就可以假设评价过程会最终有利于那些适应力最强的学生，因为他们可以应对那些随处可见的选择性外力。至于究竟是环境选择了某些特殊的性格特质，还是学生能够适应变化的环境而形成了新的思维习惯，我并不感兴趣。维布伦曾经极为肯定地说过，这种过程没有明确的起点或终点。他认为："社会进化大体上是个体在环境的压力下进行心理适应的过程。在这个过程中，过去形成的符合当时环境的思维习惯就会被摒弃。"这是一个内部关系适应外部关系的模糊过程。心理适应的自由程度可使该过程变得更为明确，学生的反思则是该过程的关键所在。学生基于自身对学习环境选择性压力的评估，去思考哪些行为可以保留，哪些行为需要进一步强化。这就使他们在研讨过程中得以喘息。

怀特海的启示

学生们的反馈和热情让我越来越自信。凯文·欣德尔（Kevin

[①] 参见拉尔夫·泰勒（Ralph Tyler, 1949: 63）。
[②] 参见索尔斯坦·维布伦（Thorstein Veblen, 1925: 192）。

Hindle）关于创业教育的讲座使我知道了阿尔弗雷德·怀特海（Alfred Whitehead），①并开始阅读他的著作。凯文对怀特海的观点非常支持，这让我深受感染。于是，我找到怀特海的著作，并开始逐页地反复阅读。他的观点让人惊叹不已，无论你的研究领域是什么，其观点都值得我们思考。他的主要观点就是：学生应该在此时此地（here and now）参与学习；作为教育者，我们应该明确与他们学习相关的主要原则，忽略妨碍他们参与和进步的因素。从本质上来讲，少即多。艾伦·吉布认为必须要明确学科特色，结合这一观点，我的教学理念侧重于确保学生所做的任何事都能迅速激发他们对所学学科的兴趣，从而锻炼并凸显其思考能力。前人的观点是永恒的真理并与学生的学习息息相关，他们的智慧使我茅塞顿开，感到了前所未有的自由。

在此期间，我全面地审视了不同教学阶段的各种学习活动。通过参加学术会议，我还采纳了其他与会学者的观点，并加以调整以适应自己学生的需求。然而，正在此时，我所有努力的合法性面临了最大的威胁。我陷于高自由度与低合法性的处境，此时，感觉自己真是强弩之末了。在这里我要提及两件特别的事情，因为它们让我实现合法性，使我可以继续前行并能够不断地调整我的教学理念。首先，我取得了2005年澳大利亚大学教师奖（Australian Awards for University Teaching），并被评为年度早期职业教育家（Early Career Educator）。这个奖项及它所带来的荣誉为我创造了喘息的空间，从根本上否定了那些质疑我教学实践有效性的声音。在此期间，我还通过参加学术会议和发表学术论文来反思教学。这个过程为我提供了可信的证据，解释了为什么学生应该参加这类活动，为什么需要对自己的学习结果负责，以及为什么创业教育有别于传统商业院校科目。

---

① 对我教学理念的确定给予最大帮助的是怀特海的著作。

然而，在 2006 年，我不得不承认，即便是大多数学生积极热情地参与其中，且有些学生成功创业，我的教学实践的侧重点仍然是错位的。总体而言，我的已经毕业的学生几乎没有开创新的事业。他们在工作中看起来表现很好，但他们能算是创业者吗？坦白说，从"创业者"这个词条使用的传统意义来看，我认为他们不是。

这个启示最重要的意义在于，我要更加关注学生自身的发展，而不是关注他们创业愿望的形成。这个问题在第四章中会加以详细探讨。在此期间，我开始关注有关学生自身发展的文献，并阅读了威廉·佩里（William Perry）、罗伯特·布朗（Robert Brown）以及克莱德·帕克（Clyde Parker）的著作。[1]通过阅读，我又知道了担任高等教育领导角色的马西娅·巴克斯特-马格达（Marcia Baxter-Magolda）[2]所写的几部著作。她从事的是"自我管理"（self-authorship）这一概念的研究，这一点非常适合创业教育领域，在第四章我们会就该问题进行深入探讨。当时，我深受艾伦·吉布及阿尔弗雷德·怀特海的影响；但是，帮助我快速形成教学理念的则是罗伊·希斯（Roy Heath）[3]撰写的一部不是很有名气的著作。

关注个人发展

要让学生有机会把自己的创业想法进行市场运作，与此同时，还有一个更为宽泛的目的，就是要帮助学生拥有一些理性冒险者的特质，这是他们个人发展的主要驱动力。如之前讨论过的：[4]

---

[1] 参见威廉·佩里（William Perry, 1968），罗伯特·布朗（Robert Brown, 1972）和克莱德·帕克（Clyde Parker, 1978）。
[2] 参见马西娅·巴克斯特-马格达（Marcia Baxter-Magolda, 1998; 2004）。
[3] 参见罗伊·希斯（Roy Heath, 1964）。
[4] 参见琼斯（Jones, 2007: 230）。

罗伊·希斯认为：理性冒险者是那些可以抓住机会，并从中获得满足感的毕业生。性格是一个进行创业所必须具备的先决条件。希斯提到了六个具体的性格特质，它们可以提高学生的能力去创造让其感到满足的机会。第一个特质是智力能力（intellectectuality），即有能力去判断究竟是坚信成功还是保持怀疑。这种能力可以让学生把目前所考虑的事情和现实世界联系到一起，并判断孰轻孰重，与此同时还要持续保持好奇心。第二个特质是可以与他人结成亲密友谊关系的能力（close friendships），或者具有发现别人个性的能力。这份友谊可以让其与他人分享彼此的感受，并可以改变之前所形成的观点。第三个特质是价值判断的独立性（independence of value judgements）。这种能力可以让学生依靠自身的经验而非依赖于一些外部的权威人士。坚信自己判断的能力可以为学生提供一个自我反思的平台，因此可以使其拥有极大的活力及热忱。第四个特质是含混容忍度（tolerance of ambiguity）。把人生看作一个反复中断并不断复原的过程，[①]直至等到信息足够充足，可以帮助其做出正确的决定时才最终做出决断，绝不盲目行动。第五个特质是兴趣广泛（breadth of interest）。希斯将它称作是在平常生活中拥有不平常的兴趣。用兴趣的广度代替兴趣的深度，可以让人对某些特定的问题保持持续追求的态度。最后一个特质就是要具有一种平衡的幽默感（sense of homour），这一能力是理性冒险者具有的特质，可以使其成为很好的伙伴，并对争议的端倪保持敏感性。

因此，一名可以充分利用自己性格特质的毕业生往往能够超越其原有智力水平的限制。这样的学生和现实世界密切相连，能够从其涉世未深的阅历中找到给养，进而获得深层次的满足感。通过提出理性冒险者

---

① 参见约翰·杜威（John Dewey, 1922）。

的概念，我们为学生设定了一个最低标准，这个标准是全新的且有望实现的，极大地调动了学生的兴趣。塔斯马尼亚大学所进行的项目旨在培养学生创业方面的技能，这个目标与上述标准不谋而合。更重要的是，通过这六种特质，我可以在此基础上对学习活动进行设计和评估。为了获得该方式所带来的潜在益处，学生们在自身感悟的基础上参加到小组启发[①]环节中。这个过程使他们获得自我感悟上的升华，也汲取了其他同学的思想精华，进而超越自我，获得更高层次的体会。

4Cs 框架（conceive, create, capture, critique）用一种可信的方式将前人著作中的观点更为集中且鲜活地展现出来，它的提出让我的教学理念有了新的进展。4Cs 框架要求塔斯马尼亚大学所有创业团队中的学生都必须要构想新价值、创造新价值、获取新价值，更重要的是要对已付出的努力进行自我批判。我努力确保他们不断地亲身体会创业的过程（Gibb），并在此时此地（Whitehead）通过培养那些关键特质来明确自己究竟会取得多大的成就（Baxter-Magolda），因为这些特质会通过一个重复的反思过程（Tyler）使他们有能力去创造机会，获得个体的满足感（Heath）。作为中间协调者，我对"拼图"（塔斯马尼亚大学的创业课程）不断地进行建构性拆分和重组，这使我的工作得到了简化。

为什么要采用这种方式呢？我完全同意卡赞姆·查哈拜格（Kazem Chaharbaghi）[②]教授的见解。他认为，与其说创业者成长于社会或由社会造就，不如说是在社会中被发现的。作为教育者，我们有机会使学生发现自我。此观点的核心在于学生需要学习的内容中，多半以上是通过自我反思来完成的，所以允许学生通过亲身体验创业者角色的过程来产生自我意识，是我们面临的挑战。因此，目前我可以这样表述自己的教学

[①] 参见哈特等（Hart et al., 1998）。

[②] 卡赞姆·查哈拜格（Kazem Chaharbaghi）教授，来自东伦敦大学皇家码头商学院（University of East London, Royal Dock Business School）。

理念：希望学习者能够获得创业知识，进而获得创业智慧；能够在生活中发现自我；能够对学习保持积极性且不畏失败；能够在大学期间及毕业之后创造机会从而获得自我满足感。

基于我的教学理念的变化，让我们简要回顾一下塔斯马尼亚大学项目的演变过程（见图1-4）。项目发展之初，我对以学习者为中心的认识还不成熟。但是通过对创业教育者和教育学者观点的不断了解，我的教学理念也得到了不断完善。在此过程中，我开始更加关注个体和集体性的反思。针对学生的个体差异，我设计了多种学习活动，这些活动为他们提供了更多的选择。正如艾伦·吉布所讲的那样，学习体验就是从学习关于创业的知识过渡到为了创业而学习的阶段，进而开始真正地经由创业或在创业的过程中学习。目前，影响我的创业教学理念（需要精心安排学习活动并对过程加以评价）的因素主要是我对批判现实主义在教育研究领域中应用方面的理解。[①]

	第一阶段	第二阶段	第三阶段	第四阶段（目前）
影响教学理念的因素	对于以学习者为中心的教学理念的认识不成熟 美国创业教育文献综述	整合艾伦·吉布、怀特海、泰勒和比格斯的观点	个性发展方面的文献综述（希斯、佩里、巴克斯特-马格达等）	本体论问题（与评价、教学和理解学生学习相关）
主要的学习活动	任务驱动型的研讨会和讲座 长篇写作任务	针对学生参与、案例分析、比赛和集体展示，开展多种活动	针对学生参与、案例分析、比赛和集体展示，开展多种活动并给予更多的选择	开展多种活动 4Cs框架（构想、创造、获取、批判）
评价的权重与侧重点	考试-40% 展示-30% 反思-0%	考试-25% 展示-15% 反思-22.5%	考试-25% 展示-30% 反思-45%	考试-25% 展示-30% 反思-45%

图1-4　教学理念及课程设置的演化

---

① 参见斯科特（Scott, 2001）。

这一演变过程的核心是一系列的错误以及不完善的学习活动。创业教育者们在这个过程中需要面对一个终极挑战：为了成功地帮助学生，教师是否能够谦虚谨慎并勇敢地面对失败。要知道，直接从其他院校借鉴一套已经成型的课程来满足自己学生的需求是根本不可能的。因此，教师要设计合理的培养过程来满足学生的特殊需求，这一点是极为重要的。如果你直接决定学生需要学习的内容，就是在逃避教育者的首要责任。简言之，如果在进行课程设置前就决定使用某种教材，就是在低估自己的学生。当然，这一切应该在最新出版的优秀著作的引导下进行，但切记不要让自己（浑然不觉地）沦为他人教学理念的奴隶。

教学理念形成的情境

我坚持上述立场，并不是反对在创业教育中使用以教材为中心的教学方法。因为，在我们这个领域中，教材是非常必要的。我更希望让大家关注那些贯穿整个教学过程的对话关系。毫无疑问，这些关系对教学理念的形成及贯彻起着举足轻重的作用。通过这种对话关系，我们可以肯定地说忽视教师的作用就无法解释学生取得的学习结果，反之亦然。对话关系存在于师生之间、教育者与学校之间、学生与学校之间及学习环境与教育者之间。教师是在何种情境下形成其教学理念的？在思考这一问题时，必须要考虑到很多难以控制和看似并不存在的关系。显然，这些关系会因为教育者身处不同院校而有所不同，因此，一套教学效果明显的教材未必放之四海而皆准。当我们使用某些教材，按照其规定的内容和活动进行教学时，我们也许并未充分考虑到这些教材开发时背后所涉及的对话关系。

请重新审视这些教材，找出作者对其教学理念的阐述。假如有这样一部教材，目的是要对创业教学提供帮助，却对学生们该如何依靠这部教材学习只字不提，这难道不奇怪吗？教材的中心往往在于帮助学生获得其应掌握的创业知识,而不在于指导学生如何了解创业本身。假如不理解学生所使用的各种学习方法,我们就可能只用一种方法来满足所有需求,从而把很多方面割裂开来。本书将就这一问题展开进一步探讨,但首先让我们来思考以下问题:从事创业教育的教师是如何看待教学理念的?

创业教育教学理念的性质

国际教育者调查咨询了一些受访者,让他们简要地陈述其进行创业教育的理念、研究方法及哪些出版物对其方法的选择产生了显著影响。有趣的是,没有一位参与者明确表明有哪位知名的教育理论家对其教学理念的形成产生重大影响。看来,在创业教育这一领域,该现象还是非常普遍的。对教师产生重大影响的更多是教材和同事,而非其他外部影响(见图 1-5)。如果该发现代表创业教育领域普遍存在的一种行为模式的话,那么我们就要思考以下非常重要的问题:如果教材可以帮助总结出一些好的教育实践活动,或创业教育领域中的领军学者能够提供一些建议,这些对学生而言是否意味着一种幸运?或者说,是否过度依赖他人的经验之谈?然而,在这里我不会给大家提供问题的答案,因为每个问题所蕴含的意义理应由读者自己思考。

帕克·帕尔默(Parker Palmer)[1]认为,好的教学不在于方法,而在于教育者了解和相信自己的程度。也就是说,在面对学生或处于某种教学环境下,我们要承认自己有某些弱点。他进而指出:我们应避免使用一些经验之谈(比如教材),使自己免受某些危险的伤害,这些危险是可察觉的,同时存在于师生共同面对的学习环境中。我希望帮助学生了解

---

[1] 参见帕尔默(Palmer, 1997)。

这门非常复杂的课程,因为该课程和客观事实的联系并不是很紧密。关于这门课程的信息,很少是可以从课本中直接获得的客观事实,教育者们认为需要更多地依靠经验、运用想象力以及反思自我。

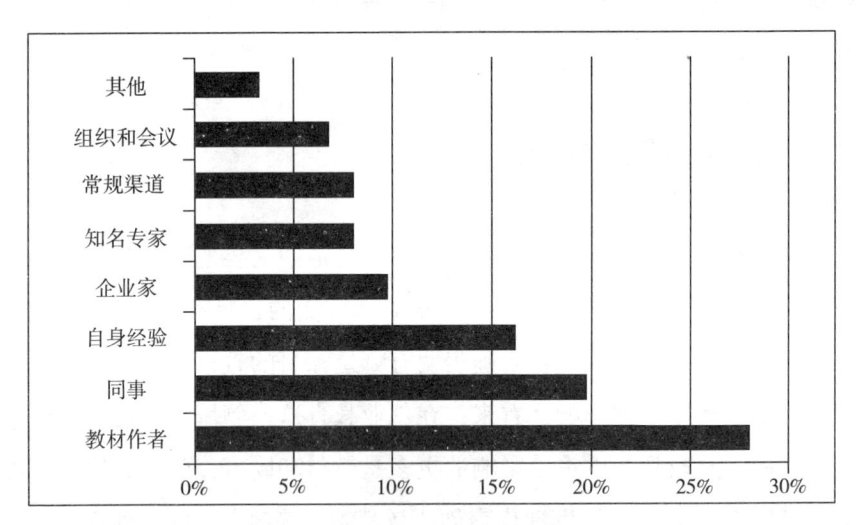

图1-5 影响教学理念的来源

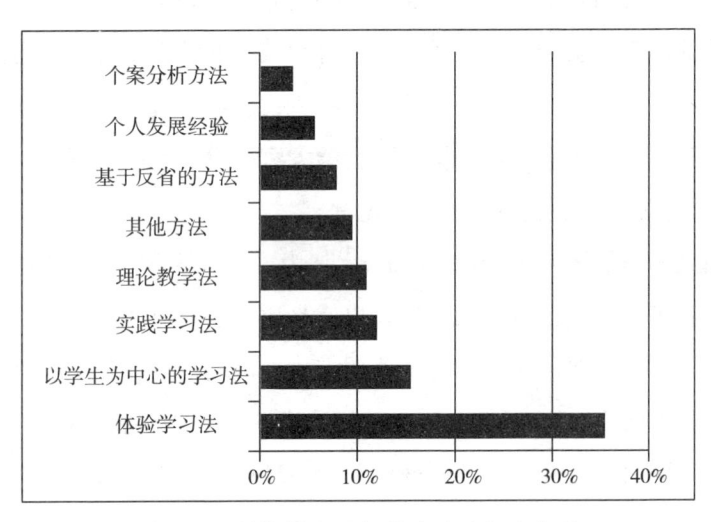

图1-6 教授创业课程所使用的方法类型

当问及进行创业教育所使用的方法时（见图1-6），接受国际教育者调查的受访者提供了他们在教学实践中采用的几种众所周知的方法。其中体验式、以学生为中心的学习法及实践学习法的采用比例较高。很明显，从他们所描述的方法中，我们可以发现：在实际进行创业教育的过程中，这些受访者都同时采用了多种方法。接下来，让我们把注意力转移到教学理念的问题上来。

教学理念的发展

每个人都出于不同的原因对其教学理念进行陈述和总结。这样的书面总结可以帮助教师在高等教育领域内获得一席之地，或者可使他们的行为得到认同，以及在所在院校里获得发展和提升空间。在此过程中，教学理念变得日益成熟。本书的这一部分主要探讨的是作为教育者，我们要深刻地思考自己的身份，想要与学生建立或保持怎样的师生关系，以及最终会帮助学生如何进行学习。因此，我们关注的是教师为自身及学生进步所采用的教学理念，而不是为个人发展而总结的一份文件式的陈述。

如果用一种最简单的方式来解释的话，教师的教学理念应该包括以下这些本质问题：学生有哪些学习方式？学生有哪些学习内容？这种学习有哪些影响？为了促进教学的展开，这些学习活动需要何种类型的学习环境？如何评价学生的学习性质？如何践行及调整教学理念？在思考如何开展教学的过程中，互联网上有很多有益的资源，但是最重要的资源还是教师本身。

问题1：学生有哪些学习方式？影响该问题的因素很多，包括文化、学校及学生自身因素，另外，还涉及教师对该问题的态度。你认为学习是传递知识还是启迪智慧？你认为学习过程普遍相似还是因人而异？在目前的教学条件下，找到这些问题的答案会给你带来更多的启示。从本质上讲，伴随你一起工作的是你的认识论信念，因为这些才是你教学理念的基石。

问题2：学生有哪些学习内容？没有人可以替你来回答这个问题，因为你是最了解本校学生及其学习背景的。在进行创业教育的过程中，是采用团队合作形式，还是仅依靠个人力量？是分成若干个单元授课，还是仅采用一个单元？你的项目或课程的总体目标是什么？是要培养能够建立企业实体的创业者，还是培养应对变化世界中复杂情况的能力，抑或是两者兼顾？

问题3：这种学习的影响有哪些？你是否确信自己的项目或课程能培养出某些类型的学生？为了实现你要达到的学习结果，是否必须要培养学生掌握某些特殊的创业技能或批判思维能力？如果为了在项目中取得成功，学生们应采取何种行为模式？这种行为模式和其他类型的学习有何不同？

问题4：需要采用哪些活动帮助学生学习？你采用的学习活动在学生及同事中拥有多大的合法性？学生需要为完成学习活动而改变他们的行为方式吗？如果需要，你如何获得学生的信任，并让他们全身心投入到活动中？

问题5：为了顺利开展这些学习活动，你需要哪种学习环境？是否需要学生们进行更多的互动？如果需要他们独立进行，学生们是否已经准备好为自己的学习承担更多的责任？他们需要稳定的安全感吗？你是如何确保他们拥有这份安全感的？

问题6：如何评价学生们的学习性质？你采用的学习活动会为他们创设更多可评价的标准吗？你会给出及时且有价值的反馈吗？你的评价方式和学校现行的标准吻合吗？如果有需要，你能够为自己的方法提供理据支持吗？

问题7：你将如何贯彻及调整自己的教学理念？你的教学理念成功与否，哪些人或事会给你提供反馈或启示？是否能够设定教学目标来测量自己项目的进展程度？是否需要制订计划来说明作为教育者你所取得的进步？

当然，以上各项问题无法囊括形成教学理念所必需的所有条件。教学理念是属于你个人的，之所以千差万别是因为它的形成依赖各种不同的对话关系。关键在于你是否接受了这一观点：在教学理念的形成过程中，没有真正的起点和终点，有的只是各个链接点而已。在此过程中，随着不断地接受反馈，你可以有意识地调整自己采用的方法。

总之，本章旨在向读者介绍我在教授创业课程时的亲身感受，其目的不在于提供什么有效的方法，而是要鼓励大家坚信自我并深度反思。我想让大家相信，通过自我发现，你可以找到教授创业这门课程的方法。过度依赖他人的标准化的观点，势必会降低你在特别的教学条件下辨别及理解的能力。该教学条件对你来讲是特殊的，不可能为处于不同情境下的其他人所共享。教学理念的形成可以为你创造机会，让你有兴趣真正了解学生的学习体验。在此，我要鼓励你相信，和学生紧密联系会让整个过程变得更加容易。当学生知道你对他们的学习结果感兴趣并愿意和他们一起去实现目标时，意想不到的事情就会发生：一是他们对自己在学习环境中的角色有更深刻的理解，也体会到为了能从体验中获得最大的收获，他们需要达到的要求；二是学生对要参与的过程产生信任感及归属感，因此会对他人为其所做的事情心存感激；三是他们会以理解的心情去看待那些未达成预期效果的计划，这也是最重要的。我认为，优秀的教育者有时会挑战极限。这时，他们非常需要真实的反馈，只有利用这样的反馈，才能改进教学。我经常询问学生对本学期的教学项目有哪些感受，并在期末时询问他们哪些部分应该保留，哪些部分应该增加或者剔除。且不论目标是否达成，这一过程至少会使教师感到这份工作既有趣又有回报。

在讨论本书的中心问题之前,让我们来简要地回顾一下创业教育的历史、目前所使用的方法以及关于这些问题的探讨,这都有助于确定创业教学的范畴。我希望大家在阅读此书时可以继续保持一种开放的思维,不断思考自己的感受及所处的情境。

第二章 创业教育

如何在高等教育情境下界定创业教育？本章的目的是思考过去及目前创业教育在高等教育中的发展现状，并探讨目前存在的一些做法及挑战。因为，正如本科生所体会的那样，这些决定了创业教育的本质。本章不是要给读者提供任何带有界定性质的定义，而是要提供一些探讨的要素，并思考创业教育探讨的不同方法。除此之外，本章将向读者介绍全球创业教育者们的研究角度。首先，让我们来看看这个最基本的问题：创业教育究竟是什么？

什么是创业教育？

越来越多的人支持这种观点：创业教育同创业能力（entrepreneurial capacities）和创业思维（mindsets）[①]息息相关。但是，究竟这种能力或心态是由什么构成的，学术界还是各执一词。然而，对于有些人来讲，创业教育仍然取决于那些从事创业活动的创业者的发展水平。另外，还有一些教育者认为，和创业教育关系最为密切的是毕业生的发展状况，他们要有能力在不断的变化中进行高水平的思考。在接下来的章节中，我们将探讨一些与本体论相关的问题，这对理解创业教育的目的和本质至关重要。在进入具体的探讨前，我们来看看创业教育文献中的一些资料，

---

① 参见欧盟（European Commission, 2008）。

以帮助我们共同思考。这里,我要引用艾伦·吉布(Allan Gibb)[1]最近提出的创业教育概念,这一概念简单易懂且涵盖广泛。

> 创业教育是一个可以践行并支持下述行为的过程:个体和(或)组织通过某种行为或拥有的技能和特性,创造、应对并享受变化和创新的过程,该过程具有高度的不确定性和复杂性。通过这一过程,个体能够获得满足感,组织能够提升效能。

我之所以暂时采用艾伦·吉布提出的定义,是要为接下来的探讨提供一个导向性的标准。泰勒[2]认为,教育是一种改变人们行为模式的过程。这里的"行为"是指广义上的行为,包括人的思维、情感以及外显的行动。我不想去探讨这些相互矛盾的定义的优缺点,因为这种争论毫无意义。本书将简要地介绍艾伦·吉布的一些专著,因为与其他著名学者相比,他著作中的某些观点有着特别之处,在创业教育文献中独树一帜。简言之,他的著作总是能够先从学生的需求出发,而其他人往往立足于教育者或教育机构的需求。现在,让我们一起来回顾创业教育的历史。

创业教育历史和观点简述

众所周知,[3]创业教育始于20世纪70年代的美国,随后仅于80、90年代在英国及一些欧洲国家中稍有发展,直到21世纪才在全世界范围内真正地被纳入本科生课程设置。创业教育之所以在全球得以普及,取决于诸多因素,尤其归功于政策理念的驱动:要培养更多掌握创业知

---

[1] 对当前创业教育前景的综述,参见艾伦·吉布(Allan Gibb, 2008: 106)。
[2] 在20世纪20—60年代期间课程发展的经典思想的回顾,参见泰勒(Tyler, 1949: 5)。
[3] 参见卡茨(Katz, 2003),库拉特科(Kuratko, 2005)。

识和技能的学生，他们将会"在全球范围内释放经济发展的潜能"。[1]但是学生们并不满足于此，他们要求开设一些课程，在帮助他们获得教育文凭的同时，还能真正具有实用价值。然而，早期创业教育课程体系不完善，发展速度过快，导致了创业教育实践活动"在创业之伞[2]下呈现出'大杂烩'的态势"。

虽然创业教育迅速发展，但关于其未来的发展方向仍然存在很多未解的问题。在创业教育发展了几十年后的今天，我们看到了很多值得思考的问题。著名的创业研究者戴维·伯奇（David Birch）[3]曾提到："我们不可能教会人们成为创业者，这就意味着他们不是通过传统意义上的课堂学习获得学位，而是需要体验当'学徒'的过程。"他认为很难将创业者应该拥有的三个最基本的特征（自我推销、团队合作、产品和服务创造）纳入课程设置。如果戴维·伯奇的观点是正确的，这是否意味着创业教育是一个挑选的过程？在这个过程中，创业者是被发现的而非被造就的。

最近，戴维·斯托里（David Storey）[4]（参见威廉·鲍莫尔的著作，William Baumol[5]）对一些创业教育者提出了挑战，希望他们能够鼓励更多的创业者进入社会，以此展现创业教育的成效。威廉·鲍莫尔已经充分地证实，一直以来社会并不缺乏创业者。因此，既然创业者是在社会中被发现的，我们为什么还需要创业教育？

毫无疑问，在过去的几十年里，创业计划作为创业教育中的重要工

---

[1] 参见沃尔克曼（Volkmann, 2009）。
[2] 参见艾伦·吉布（Allan Gibb, 2008）。
[3] 参见阿伦森（Aronsson, 2004）。在对戴维·伯奇（David Birch）的访谈中，他批驳了一些在高等教育情境下开设创业教育的简单想法。
[4] 参见戴维·斯托里（David Storey, 2009）。他和我一起探讨过这样一个需要解决的中心问题：创业者的供给、生产力和在高等教育中增设创业教育课程的关系问题。从本质上来讲，如果在过去（没有开设创业教育课程的情况下），创业者能够为社会服务，那么在未来为什么不能继续做到这一点呢？
[5] 参见鲍莫尔（Baumol, 1990）。

具被频繁使用。然而，比尔·拜格雷夫（Bill Bygrave）[1]坚持认为，我们需要重新思考它在创业教育中的应用。百森商学院最近进行的研究表明，往届学生之所以可以在创业活动中取得成功，其原因很大程度上取决于他们的社交能力（社交资本）、资金筹集能力（金融资本）及人力资本（行业知识）的培养，而并非单纯依靠制订创业计划。本书将会用一整章集中探讨这一问题，这会帮助我们重新思考，以此减少对以往教学经验的依赖。或者说是否有必要摆脱以往经验的束缚？如果需要，谁会"照亮"你前进的道路？你希望这个"引路人"是自己，还是其他人呢？

基于这样的疑问，凯文·欣德尔（Kevin Hindle）教授[2]希望大家在高等教育这个宽泛的教育领域中，关注作为价值来源的创业教育的合法性，他的想法当然不无道理。他认为："我们必须共同为创业教育提供合乎逻辑的理据，来证明创业教育是一种社会中存在的、可行且可取的教育形式。"政策制定者对创业教育寄予高度的期望，然而作为教育者，我们在实践中又面临来自学校的各种压力。因此，必须要考虑我们教授创业教育的原因及你的教学方法和手段。

教师需要了解创业教育领域中那些最前沿的文献资料，才能了解百家的观点。唐纳德·库拉特科（Donald Kuratko）[3]在评价该领域过去及未来面临的种种问题时，提出了一种以美国为中心的评价方法。这种方法或许能够给创业教育领域提供发展机会，但忽略了学生们所面临的困难。

另外，克里斯蒂娜·沃尔克曼（Christine Volkmann）[4]对创业教育的整体前景做出了评述。她不认同创业教育的责任就在于培养有潜质的

---

[1] 参见比尔·拜格雷夫（Bill Bygrave, 2009）。他认为，关注计划的实施可能比构想创业计划的过程更有价值，这对于学生的学习来讲，是更有意义的。
[2] 参见欣德尔（Hindle, 2007）。他对高等教育中创业教育的评价令人印象深刻。
[3] 参见库拉特科（Kuratko, 2005）。他对创业教育的全貌进行了有价值的概述。
[4] 参见沃尔克曼（Volkmann, 2009）。

并快速成长的创业者。然而，对于创业教育领域进行综合性的研究来探讨什么才是"最好的实践"及"创新方法"时，克里斯蒂娜·沃尔克曼建议创业教育可以转变成技能教育。教育类的文献坚决反对优质教育就是技能培养。[①]我认为关键之处并不在于知道其他教育者在做什么，而是要弄清楚，在不了解贯穿整个实践过程中的对话关系时他们都是如何应对的。事实上，欧盟委员会在《高等学校的创业状况》[②]研究报告中指出，内部机构的组织结构的性质对创业教育有巨大的影响。沃尔克曼提倡要对创业教育中正在进行的过程展开细致的研究，我极为赞同他的观点。同时，我们既要开展最好的实践活动，也要研究学校组织机构的性质及其影响，它们将决定实践活动效果的好坏。例如，我们可以探讨一下卢克·皮塔威（Luke Pittaway）教授[③]是如何评价美英两国创业教育的区别的：

> 将英美两国的创业教育进行对比绝非易事。因国家不同，其大学及科目的设置也不尽相同，我认为这些背景特点十分重要。因此，在这里我要明确指出英美两国的创业教育有很大不同。在美国，创业教育是一门成熟的学科。从某些方面来看，创业教育在学校中呈现出稳定的态势，在操作上也是切实可行的。但同时它更容易受到商业院校教学传统的影响。与之相比，英国创业教育形成的原因是多维度的，往往涉及多个学科，甚至全面渗透到本国大学教育中。另外一个区别在于美国的商业院校有其特殊的传统。虽然美国的教育者采用了很多创新的教学实践范例和一些常见的教学方法（体验式学习、基于探究的学习、基于服务的学习），但实际上仍然是以教材为中心的。采用

---

① 参见帕尔默（Palmer，1997）。
② 参见欧盟（European Commission，2008）。
③ 皮塔威（Pittaway，2010）论述了个人交流。

这种教学形式，学习内容一般是以某一本教材为基础，教师适当讲解并配以选择题型测试。我认为，这只不过是一种表面层次的学习。英国的传统是在展示了很多具有创新意义的教学范例的同时，以教师讲授法为主，要求学生大量阅读；测试方面以形成性评价方式（如论文）为主，辅以终结性评价方式（如选择试题）。两国的教育传统方式都不利于培养学生的创新能力，会使学生形成思维定式。在寻求更为新颖的创业教育方式时，我们要帮助学生克服这种思维定式。

另外，制度层面的差异是最重要的。最近，赫尔曼[①]发布了名为《如何培养创业型毕业生》的报告。报告兼顾了多方参与者，这对创业教育产生了直接的影响。这些参与者包括副校长、教职员工、教育者、创业者、学生及政府工作人员，他们共同致力于帮助学生学习培养创业精神。从报告中，我们可以明显感觉到他深受艾伦·吉布的影响。赫尔曼强调要从学习关于创业的知识过渡到创造机遇为了创业而学习。在最近很多关于创业教育发展前景的评论中，我们明显地听到来自全世界的不同声音。创业教育受到多个层面的影响，其中包括从政府到由学生创立并服务于学生的企业俱乐部及社团组织。很明显，用一个章节的篇幅不可能清晰地描述创业教育过去、现在和未来的发展历程。但是，我们还是可以共同探讨目前的一些实践做法及面临的挑战，这些将会决定创业教育发展的前景。

现行做法

正如上文所述，因为所采用的学习活动数量庞大，我们无法逐一描述。但是，全国大学毕业生创业协会（the National Council of Graduate Entrepreneurship）最近的研究有助于我们了解目前创业教育领域采用

[①] 参见赫尔曼（Herrmann, 2008）。

的学习活动。他们不断完善的《创业教育教学纲要》(*Compendium of Pedagogies for Teaching Entrepreneurship*)①对于创业教育领域的所有教育者来讲都是很好的参考资料。该纲要突破了过去传统意义上的大学生创业理念,采用一种建构组合的方法,②围绕与创业思维(具有创业精神的个体)培养有关的七个独特的学习结果(参见表 2-1)进行规划。

表 2-1　同创业思维相关的学习结果

- 创业行为、技能和特质(包括情商)
- 为创业者生活方式所做的准备
- 创业价值、处事方式、感知方式、组织方式、交流方式及经验式学习方式
- 不同背景下(不仅限于商务背景)的创业行为及管理能力
- 产生创意,捕捉并实现商机
- 创业性的、全局性的、战略性的管理能力(明确做事的方法)
- 能够处理关系并从关系中学习(明确关系处理的技巧)

采用这种方式教学,最初关注的就是学习结果而非知识输入(如注重营销、资金等)。可操作的教学结果贯穿各个教学层面(结果详解参见附录 2)。从这个角度来讲,通过对各种创业特质进行有针对性的培养,我们可以清楚地知道毕业生未来创业的可能性。该《纲要》展示了一系列既很明确又富有弹性的学习结果,并概述了超过 44 种可帮助学生达到上述学习结果的教学方法(或指导方法)。附录 2 将提供相应的对照关系。

学术界对创业教育的真正目的可能还尚未达成共识。但是,越来越多的研究者开始关注培养学生的创业思维。图 2-1 描述了参与国际教育者调查的 97 名受访者对创业教育目的的看法。调查结果可以分成八类,每类虽各有不同,但存在着很多相似之处。其中有五类(90% 的受访者)认为创业教育的目的是为学生毕业后做准备。有趣的是,只有少数参与

---

① 参见 http://www.ncge.com。《创业教育教学纲要》,由艾伦·吉布(Allan Gibb)制定。
② 参见比格斯(Biggs, 2003)。

者明确地描述了创业教育的目的。

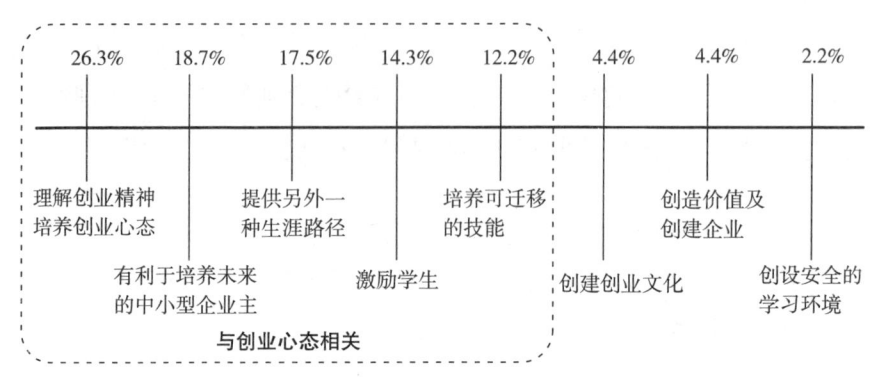

```
26.3%  18.7%  17.5%  14.3%  12.2%    4.4%    4.4%    2.2%

理解创业精神  提供另外一       培养可迁移           创造价值及           
培养创业心态  种生涯路径       的技能               创建企业            创设安全的
                                                                     学习环境
           有利于培养未来    激励学生      创建创业文化
           的中小型企业主
                   与创业心态相关
```

图 2-1　创业教育的首要目的

图 2-2（见下图）从实用的角度强调了明确创业教育目的的必要性。为数不多的受访者表示他／她的大多数学生在毕业后能够立即创业。该问题将在第三章进行详尽探讨。教育者及学校实施创业教育的原因有很多。因此，从创业教育在社会中发挥的作用来理解它的目的是更为明智的。促进学生发展，培养创业能力，这一点与地方、国家及国际社会倡议的内容是一致的。该部分内容将在第四章进行详细地讨论。

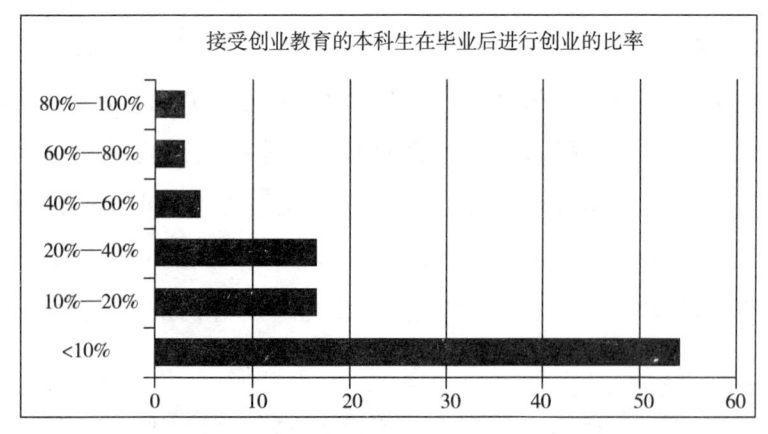

接受创业教育的本科生在毕业后进行创业的比率

区间	
80%—100%	
60%—80%	
40%—60%	
20%—40%	
10%—20%	
<10%	

图 2-2　接受创业教育的毕业生及创业活动

未来的挑战

国际教育者调查让创业教育者描述他们在创业教育领域中面临的最大挑战。我们可以将这些回答分成相对独立的类别,然而,第一章讨论过的对话关系可以将这些类别联系在一起。图2-3明确了4个新出现的类别,分别是教学机构、学生、教育者及教学方法。让我们逐一探讨每个类别,首先从教学机构开始。

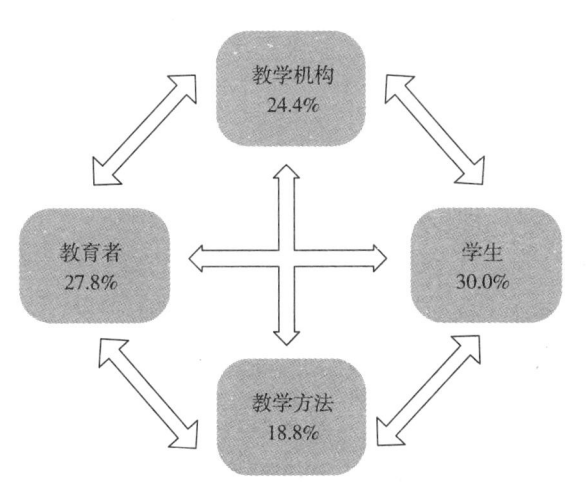

图 2-3 创业教育面临的挑战

教学机构问题

毫无疑问,创业教育对高等教育领域其他教育者和管理者是一种威胁。对于一些"爱惹麻烦"的教师来讲,创业是他们最后的避难所。[①] 如果仔细思考这类教育者的特点,就会发现他们都积极地提倡使用新方

---

① 引用参见南希·克利福德·巴尼(Nancy Clifford Barney)。

法（可能未曾尝试过）去帮助创业教育的教学。之前，韦伯[①]曾提醒我们要注意这些"异类"，他们不断地质疑其所在体制的合法性。尽管这些人可能会运用自身的权威及决策力为所在的集体增添价值，并从而改变该集体现有的价值及相关的标准，但异类毕竟是异类。因此，我们的努力经常受到限制、误解及嘲笑，这已经是司空见惯的事情了。都柏林邓莱里文艺理工学院（Dun Laoghaire Institite of Art Design & Technology）的特雷泽·莫伊伦（Therese Moylan）在以课堂为基础、以内容为导向的教育体制中看到了各种挑战。但是，正如澳大利亚迪肯大学（Deakin University）的霍华德·弗雷德里克（Howard Frederick）教授所讲的那样，我们经常遇到来自高校、学院院长及同事的抵制。在高等学校教育领域中，创业教育具有广泛的应用潜力，但显而易见，我们共同面临着发展上的挑战。澳大利亚科廷大学（Curtin University）的波尔·韦伯（Paull Weber）博士认为，商业院校内部彼此之间缺乏信任，加之"竖井心理"（silo mentality）限制了创业教育项目的开展，可能会妨碍那些初出茅庐的大学生创业者加入到项目中来。来自圣马科斯加州州立大学（California State University）的贝内特·彻丽（Bennett Cherry）副教授指出，我们要让其他学科的教职员工相信，创业教育是严谨的且和他们关系密切。新西兰教育部的苏西·史端乔（Suze Strowger）也认为应该对某些教育者提出的反对创业教育的观点进行驳斥。同时，澳大利亚墨尔本商学院（Melbourne Business School）的戴维·奥斯汀（David Austin）认为，为了保持前进的动力，我们需要与管理机构协调一致。接下来，我们来探讨学生问题。

---

① 参见韦伯（Weber, 1968: 115）。

学生问题

学生认为创业教育具有挑战性，针对此问题，国际教育者调查列举了很多教育者的观点。学生不理解创业教育是一个动态过程，仅把它当作一门管理方面的学科，这是创业教育情境下最主要的问题。圣地亚哥加利福尼亚大学雷迪管理学院（Rady School of Management，University of California）创业发展项目主任罗布·富勒（Rob Fuller）博士认为，本科生往往对商业理解不深，因此缺乏创业的情境。来自萨凡纳佐治亚州南方大学（Georgia Southern University）的卢克·皮塔威（Luke Pittaway）教授也支持这一观点，认为本科生缺少实践经验。澳大利亚巴拉特大学（University of Ballarat）的杰里·科维舍斯（Jerry Courvisanos）副教授对此也表示赞同。他观察到，学习创业教育课程的学生在管理及市场营销课程上更喜欢常规性的教学。因此，自我激发（在创业教育中至关重要）式的教学很难适应他们有限的世界观。很多受访者还表示学生并不想为自己的学习负责。来自阿伯丁罗伯特·戈登大学（Robert Gordon University）的罗伯特·史密斯（Robert Smith）博士提醒我们，很多学生学习创业教育课程只是把它当作一门选修课，有可能对创业本身并不是很感兴趣。

很明显，我们面临着各种挑战，包括鼓励学生参与其中、勇往直前并努力在此过程中更好地了解自己。然而，对很多学生来讲，这要求他们在态度上及整体期望上都有巨大的转变。佐治亚州哥伦布州立大学（Columbus State University）的柯克·赫里奥特（Kirk Heriot）博士坦言，自己的学生每周的学习时间都超过三十个小时。他的课程是由国际高等商学院协会（AACSB）指定开设的选修课，需要学生动用全部脑力勤奋学习，这对他们是很大的挑战。似乎我们的最低期望与学生能力、最低目标及创业教育项目的要求之间还存在很大的差距。因此，可能需要吸引学生加入我们的创业项目。北卡罗来纳州多尔蒂创业领导中心

（Doherty Center for Entrepreneurial Leadership）执行主任加里·佩林（Gary Palin）认为，现在的学生往往害怕失败，还不具备创新能力，对不确定的事情感到无所适从。但是，国际教育者调查表明，教育者面临的挑战也源于我们自身的某些不足。

教育者问题

教育者对自己在创业教育中所扮演的角色会感到困惑，这不足为奇。很多受访者表明，他们的教学活动被主流教育排挤，并认为关于如何教授创业课程的指导是非常有限的。莫妮卡·克罗伊格（Monica Kreuger）是加拿大全球信息经纪人公司（Global Infobrokers）的总裁，公司下设普莱思创业管理学院（Praxis School of Entrepreneurship）。她发现了教育者关心的最大问题是学术和现实的脱节。英国南安普敦大学（University of Southampton）的丹尼丝·巴登（Denise Baden）博士提出了一个"度"的问题：哪些知识应该由我们教，哪些知识应该由学生自己学。换句话说，创业教育教学仍然存在以教师为中心和以学生为中心之分。第三、四和五章会进一步详尽地探讨这个问题。教育者的问题是一个争议性很强的问题，是前面所探讨过的教学理念的核心问题。

对很多人来讲，创业现象的不确定性及复杂性本身就是一个问题，澳大利亚阿德莱德大学（the University of Adelaide）的加里·汉考克（Gary Hancock）指出，学生、同事及其他教育者一直对创业的意义存有误解。他们认为，创业者的能力不是被教出来的，而是与生俱来的。因为带有这样的误解，在面临大班教学困境及法国里昂商学院（EM Lyon Business School）阿兰·法约尔（Alain Fayolle）教授提出的"创业复杂性及多样性"挑战时，很多教育者对自己所扮演的角色感到茫然。最后，我们要探讨的是教学方法问题。

教学方法问题

除了要应付各种形式的挑战（学生数量及评价方式），教师的教学方法是受访者最为关心的问题。埃及英国大学（British University）的戴维·柯比（David Kirby）教授指出，需要降低学生对教师的依赖。这是一个非常简单的道理，但却可以确保在创业教育过程中真正运用以学生为中心的教学方法。当考虑到以上提及的挑战，诸如学校压力、学生拥有的潜力及教育者们的不足之处，我们就更难取得预想的学习结果。澳大利亚斯威本科技大学（Swinburne University of Technology）的苏珊·拉什沃思（Susan Rushworth）博士提到需要更正学生的想法，他们在解决问题时往往认为要追求的是正确的答案或唯一的方法。我们面对的还有一些更为基本的挑战，有几名参与者非常赞同来自南非纳尔逊·曼德拉都市大学（Nelson Mandela Metropoliattan University）的桑德拉·珀克斯（Sandra Perks）教授的观点，即我们必须要做到理论联系实践。最后，进入 21 世纪，教育者不情愿地成为了数字原住民，要不断面对新一代伴随数字化成长起来的学生群体。澳大利亚昆士兰科技大学（Queensland University of Technology）的朱利恩·森雅德（Julienne Senyard）认为，大学教师需要了解并学会运用新形式的社交媒介（推特、博客）来满足学生不断变化的喜好。各种挑战的关键在于要通过对话关系来形成学习经验。这些关系将所有因素联系在一起，存在于（有时是看不见的）学校、教育者、学生及为创业教育所创设的学习环境中。接下来，让我们一起看看受访者提到的影响他们教授创业教育方法的因素。

过去、现在对创业教育产生影响的因素

第一章提到过，没有受访者提到有哪位知名的教育理论家对其教学方法产生影响。97 位教育者提到 78 个影响因素（包括自身经验）。认为已故的杰夫·蒂蒙斯（Jeff Timmons）对其有影响的占10%，艾伦·吉布和比尔·拜格雷夫各占7%和4%。其余75项影响因素都被提及了一到两次。很明显，就像我们遇到多样化的学生一样，影响我们教学的因素也很多。你是否会对创业教育所涉及的复杂性感到惊讶？本书目的之一是要鼓励读者利用自己的认知去决定哪些才是重点；从读者自身的背景出发去关注那些可理解的因素；允许读者在创业教育中发现自我及重新界定自己的目的。否则比尔·加特纳（Bill Gartner）[①]提出的"房间里的大象"的问题仍然存在，还会继续引发不同的观点，从而加剧理解上的混乱，妨碍问题的清晰化。

如何界定创业教育？

我赞同本章前面提到的艾伦·吉布的定义，并将其作为一个起点。同时，我还要提出一个大胆的定义：创业教育是一种转变的教育过程。在这个过程中，使用以学生为中心的教学方法，让他们积累不同的学习经验；鼓励他们更好地了解自己的能力，并创造机遇来获得满足感。为什么要提出一个可能会引起争论的定义呢？我是要鼓励你和我一样，不再一味照搬他人的观点。

因为面对不同的教学理念、学校背景、学生类型、课程目标及教育者风格，我们有很多方式来界定创业教育。但作为教育者，在界定创业教育时，我们要把教学理念、学校背景、课程目标，尤其是学生的需求结合在一起，而不应直接认同一种自认为比较正确的定义。这是我们的责任，而不应该推卸给那些我们认为更明智的人。没人比你更了解自己、

[①] 参见比尔·加特纳（Bill Gartner, 2001）。他精辟地评论了盲目假设会导致我们在观点上陷入歧途的问题。

学生及你所在的学校。所以,你要清晰地将创业教育的定义表述给学生,这样他们才会全面了解你在项目中对他们的要求,这一点至关重要。

因此,我建议要摆脱那些既定的创业教育定义的束缚,将其具体化,使之符合自身情境的需求,并与其他更为全面的定义相统一。在接下来的章节中,我们会继续深入探讨这一问题。下面让我们一起来探讨创业教育的本体论问题。

第三章 本体论的困境

很多接受过创业教育的学生并没有在高等教育结束后立即创业。那么作为教育者,我们该如何判断自己的教育是否成功?怎样才能得知自己所做的事情对学生来讲是有价值的?在本章,我希望读者可以基于学生学习的现状及认识这一现状的能力,先对自己(有意识或是无意识)的假设进行思考。因此,本章将重点讨论学生在创业教育中学到的知识和(或)可实现的价值形式,哪些能为今后所用。另外,我们也需要了解,为什么接受创业教育的学生在毕业前为获取专门的知识和(或)技能必须面对一些特殊的挑战。首先,我要介绍自己的本体论倾向,这样我们才能更好地交流彼此的观点。

欢迎来到我的现实世界

对于教学现状的构成要素,每个人都有自己的观点。作为一名批判实在论者,我认为人是不可能完全认知现实世界的;现实世界是不依赖于任何人而存在的。我曾说过,[1]可以把学生的思维习惯看作一种生成机制,这一机制"具有足够的可塑性,可通过学生的反思实现自我调整"。马奥尼(Mahoney)[2]认为,生成(或因果)机制是无形的实体、过程或

---

[1] 参见琼斯(Jones, 2007: 230)。
[2] 参见马奥尼(Mahoney, 2003)。这是一篇非常有价值的论文,论述了生成机制及我们如何能够解释它们在这个社会中的存在。

结构，它们是结果生成的根本原因。在我的周围，存在着各种各样看不见的过程。在某些特定条件下，这些过程可以让一些我理解不了的事情变得明朗。因此，生活在这样的世界中，我觉得十分满足。另外，我非常高兴能够设想出这些机制，也很乐于结合其可操作和（或）不可操作的条件本质来思考其存在的意义。正是因为这些设想，我对学生自身及学生间的学习本质进行了假设。因此，通过不间断的实证研究，我对学生如何学习、学习什么、我该怎样进行教学以及这种教学所需的环境有了感悟。图3-1描述的是塔斯马尼亚大学创业教育学习的本体论的三个要素。该图表明，这三个要素（教育者、学生及他们共同创设的学习环境）相互作用，使每个要素都随着时间的推移而不断变化。这就是所谓关系信任[1]的集中体现，三个要素间的相互作用能够对高级学习成果的产生起到决定性作用，而这种关系信任是三个要素互动的中心环节。在前文中，[2]我曾从弱点的产生角度对这些过程进行了探讨。我将会在第五章进一步探讨这些潜在的变化过程。现在，我将从本体论的角度探讨这些变化的实质。

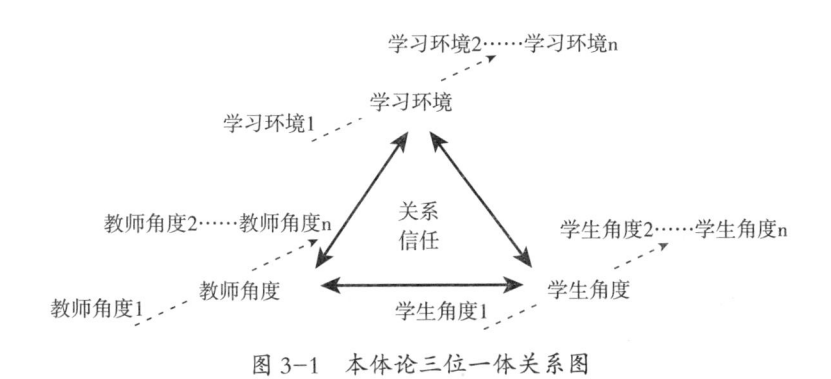

图 3-1 本体论三位一体关系图

---

[1] 参见布里克和施耐德（Bryk and Schneider, 2002）。他们开创性的研究是基于对教育前景的信心之上的，利用这个长久以来被忽视的因素来改善学生的学习成果。

[2] 参见琼斯（Jones, 2009）。

培养理性冒险者的中心环节就在于一个转变过程，我们可以通过该过程培养学生的六种特质（之前提到的智力能力、能够与他人结成亲密关系的能力、价值判断独立性、含混容忍度、广泛的兴趣以及幽默感）。对于教育者或研究者来讲，如何培养这些特质以及如何才能得知这些特质是否得到培养，是一个不断的挑战。为什么这个挑战是永远存在的？一般来讲，教育研究的基础是那些彼此相互联系的而非构成因果关系的发现。因此，我们很难准确地判断，在学习环境中影响学习者学习结果的究竟是教育者还是其他因素。我们只能看到在这种学习环境中学生（好或坏）的表现，但无法确定产生该表现的原因。显然，如果教育者希望自己采用的学习活动（方法）能够带来相应的结果，则他们需要一种更好的方法。现在，让我们一起思考如何从批判实在论者的视角来看待这一挑战。

批判实在论者的视角

罗伊·巴斯卡（Roy Bhaskar）[①]提出分层本体实在论，认为生成机制和其可能会产生的行为是分离的，也可独立于研究者的体验。也就是说，我们可以在教育研究中借助巴斯卡的分层实在论（stratified reality），将学生的思维习惯变化、未来的创业行为以及对该创业行为的后续研究分离开来。因此，批判实在论让我们能够在创业教育、学生思维习惯调整和行为方式改变之间建立起因果关系。因此，我们把学生的思维习惯看作一种生成机制，这种机制在特定的（学习）条件下会改变并促使（在特定的生活条件下）一些理性冒险者产生某些特定的创业行为。

贝内特（Bennett）和乔治（George）[②]认为，这一生成性机制是种无

[①] 参见巴斯卡（Bhaskar, 1975）。他提出了科学的分层实在论。对于那些持有传统的科学观的人，要耐心地去探求我们一无所知的另一个世界。

[②] 参见贝内特和乔治（Bennett and George, 2003）。

形的社会、生理或心理过程,在特定条件下能够将能量、信息或物质转化成其他实体。巴斯卡认为(见图3-2),任何这样的机制都是真实的,有别于该机制生成的事件模式;正如真实的事件也不同于人们理解该事件的经验。

	真实领域	实际领域	经验领域
机制	√		
事件	√	√	
经验	√	√	√

资料来源: 巴斯卡(1975)

图 3-2　巴斯卡提出的三个相互重合的实在领域

如果我们把巴斯卡的分层实在论运用在目前的情境中,就能提出某种特定的生成机制(存在于真实领域),设想出这一机制与学生改变了的行为(产生于事实领域中的事件)间的因果关系,并可以解释决定学生是否进行创业(产生于经验领域的事件)的偶发情境条件。巴斯卡提出的方法的核心就是认识论(认识)与本体论(存在)的区别。戴维·斯科特(David Scott)[1]认为巴斯卡坚持:

> 四个基本原则:无论人们是否能够感知,事物都存在于这个世界中;知识可能是错误的,因为任何被称作知识的信息都可能遭到反驳;超现象的真实是存在的,这意味着人们只能获得外显的知识,但却不容易理解某些内在的结构;最为重要的是,世界上也存在着与现象相反的真实,其中蕴含的某些深层次的结构在现实中可能与其表象相矛盾或相悖。

---

[1] 参见斯科特(Scott, 2001: 14)。

显然，无论采用何种范式进行探讨，我们所面临的真正挑战是要了解偶发情境条件以及与生成机制相关的结构。巴斯卡提出先验实在论的过程，并使用了回溯法，为我们提供了一种有价值的研究过程。理查德·布伦德尔（Richard Blundell）[1]认为，回溯法"通过识别产生事件的机制和结构解释和说明社会事件"。这个过程从一系列假设出发，对某些特定的历史结果或事件——而非某些可验证的假设进行逻辑性推导，其目的是证实一些基本结构（假设的）功能可以超越真实，（在真实领域）发挥作用。布伦德尔认为，这一过程所寻求的既非演绎逻辑，也非归纳逻辑，而是通过实证研究，从最初的描述和抽象分析过渡到重建产生这种机制的基本条件。从本质上来讲，"回溯法在于从一个事实出发，推理出另一个不同的事实"。[2]下面我们来看一个该过程的实例。

创业教育价值的概念化

塔斯马尼亚大学的马特·兰斯德尔（Matt Lansdell）[3]最近做了一次调查，旨在探讨该大学进行的创业教育有哪些价值。马特接受过塔斯马尼亚大学创业教育项目的培训，他依靠自身的认知能力，对以下问题进行了逐一反思：创业教育可能创造了哪些价值？这些价值是如何被创造出来的？在何种条件下可以产生这些价值并使学生获益？他进行此项研究的动机是基于对毕业生的观察，许多接受塔斯马尼亚大学创业教育项目培训的毕业生并没有立即成为创业者（从商业创业角度来看）。但是，学生似乎对自己从创业教育中的所得比较满意。我们需要不断地猜测产生这种异常现象的原因，而这一过程完全描述出创业教育中学生价值模

---

[1] 参见布伦德尔（Blundell, 2007: 55）。他在创业研究中坚持批判实在论，进行了非常实用的探讨。
[2] 参见丹尼马克等（Danermark et al., 2001: 96）。
[3] 参见兰斯德尔（Lansdell, 2009）。这是非常创新的研究，他指出要鼓励提出最基本的问题：学生从创业教育中究竟获得了哪些价值？

式的各种要素。马特在使用回溯法时并没有足够的安全感，仅仅是怀着自信"进入……思考……轻快地冥想……直至进入……思想之湖"。①

马特和一些刚毕业的学生进行了探讨，最终得出结论：塔斯马尼亚大学创业教育项目所创造的价值就是自信。这看似简单，但对任何即将成为创业者的学生来讲，自信都是一种潜在的基本素质。另外，对于培养理性冒险者来说，自信也是一个关键的条件。马特使用了回溯法，过程如下：首先，他重温并描述了和创业教育项目有关的事件（活动），尤其关注他人的一手记录及各种解释和说明。在接下来的阶段中（将自信作为逐步形成的结果，强调其重要性），马特试图阐明培养自信需要的要素。也就是，要进行自信培养，应该具备哪些相关的条件或结构呢？马特（通过反复的过程）明确了以下几个关键方面：1）教育者态度；2）学习环境类型；3）学生思维习惯转变；4）自信培养；5）每个学生的资源配置（resource profile）的调节作用。

接下来，他要从各种文献中找出对这一新逻辑的支持。然后，他要找出自己提出的毕业生创业价值模式发挥作用的条件。也就是说，在何种条件下，这种价值对学生来讲是有用的；而在何种条件下，这种价值是无用的。马特随后调查了2002年至2008年期间参加塔斯马尼亚大学创业教育项目的毕业生。他对自己提出的模式进行了实证研究，欣喜地证实了自己假定模式中的内在逻辑，即1）培养过程的中心要素是创业教育者采用以学生为中心的教学方式的力度，培养创新的自由度、犯错的自由度和开诚布公的师生关系；2）创设一种团结互爱的学习环境，鼓励学生犯错并通过深刻、有意义的反思来获得新知；3）培养理性冒险者的六种特质，让学生通过专题讨论（学期学习）实现行为方式（也就是思维习惯）上的转变；4）在多种社会情境下，找到个人可以从创业教育

---

① 参见皮尔斯（Peirce，1908：95）的创造性的科学推理观点。

创造的价值中受益的证据；5）找到低的（高的）资源配置对学生是否创业产生影响的相关证据。

重要的是，马特能够解释学生不进行创业的原因。毕业生的经历表明，如果在毕业时资源配置较低，毕业生就几乎不会创业。反之，当资源配置较高时，创业成功的可能性就大大增加。另外，研究还表明，高的资源配置和年龄有关。马特的研究证实创业教育项目对学生创造实际的社会、人力及金融资本的影响很小。另外，有足够的证据显示，塔斯马尼亚大学的创业教育项目为学生在毕业时能够拥有自信提供了主要动力。显然，马特的研究对我们有很大的启示。

首先，马特的研究就像一个"放大镜"，让我们看到创业教育项目中的具体环节。在该项目中，价值创造既是可能的，又是可解释的。其次，马特对塔斯马尼亚大学创业教育项目应该或可能发挥作用的影响因素进行了深入探究，他的研究结论启迪我们进一步思考。该项目可能会让学生发生一些变化，但这些变化还不足以帮助学生获得需要的社会、人力及金融资本，这些资本是他们毕业时可以进行创业的条件。学生们还需要其他的学习形式及价值积累，这些则是在毕业后才体现出来的。在接受高等教育的过程中，通过培养自信，学生可以加速（保持）这些过程。大家可能会质疑我们向创业过早地举了"白旗"，而且创业教育在激发创业行为的过程中作用甚小。但我并不赞同此观点，关于这个问题，我们将在第七章进行详细探讨。

对教育者角色的思考

我曾在其他文章中提过，[①] 如果把创业教育看作一种本体论的挑战，我们就可以采取一个全新的视角去看待创业知识和技能的习得及应用。

---

① 参见琼斯（Jones, 2010a）。

在处理这些关键的问题时，我们不能再本末倒置了。我们给学生提供各种课程，并设想即使不具备必需的资源配置，学生也能够在毕业后立即创业。这样做不但会浪费时间，还会让学生对自己的能力产生质疑。在培养创业型毕业生的过程中，也许我们需要重新界定自己的角色。既然我们无法轻易地从整体上对学生产生影响，而让学生真正地将获得的知识和技能加以应用也绝非易事，也许从这个角度来讲，我们只是破茧成蝶环境的创造者。

请认真思考自己对学生所处的学习环境的调控力度，同时也要承认自己不能保证学生在毕业后就可以展翅高飞。让我们退一步思考：为了实现最终的目的——蜕变成美丽且有力量的蝴蝶，茧蛹在茧中都做了哪些活动，也许我们就能够更好地应对这一挑战。在塔斯马尼亚大学，这一过程就等同于培养理性冒险者。在其他院校，这一过程有其他的名字，并通过不同的方式完成。现在，让我们一起来看看对于其他创业教育者来讲，毕业生应该从项目中获得的首要价值是什么。

图3-3描述了国际教育者调查提供的创业教育可能会创造的各种类型的价值。的确，有人认为自信是创业教育的首要价值，但它并不是主导类型。有一点值得注意：图中的分组并非离散分布，而是将从学习创业到创业实践的过程分布在横轴上。很多教育者认为创业教育的首要价值是培养学生学习的主动性，确保学生可以为自己的学习负责，能够对自由度做出价值判断，并对实现目标充满热情。持这种观点的人数所占比例最高（23.0%）。来自肯尼亚的露西·卡文达（Lucy Kavindah）认为，学习创业教育课程的学生必须要明白，此生最重要的资源就是他们自己。同样，来自英国伯明翰城市大学（Birmingham City University）的夏洛特·凯里（Charlotte Carey）对于学会思考、创造新观点及认识自己的能力等方面也给予了同等重要的评价。正如英国皇家兽医学院（Royal Veterinary College）的吉姆·伽扎德（Jim Gazzard）博士

所观察到的那样，在学习和生活的各个方面，学生需要变得更加积极进取且有效率。

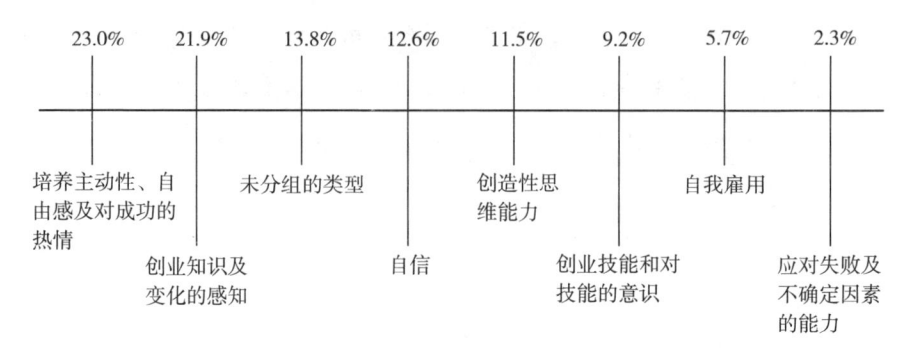

23.0%	21.9%	13.8%	12.6%	11.5%	9.2%	5.7%	2.3%
培养主动性、自由感及对成功的热情	创业知识及变化的感知	未分组的类型	自信	创造性思维能力	创业技能和对技能的意识	自我雇用	应对失败及不确定因素的能力

图 3-3 创业教育的首要价值

21.9%的教育者认为，创业知识和能够感知现实世界的变化是最有价值的。挪威奥斯陆大学学院（Oslo University College）的丽芙·达林（Liv Dahlin）认为，创业教育的价值主要在于培养学生解决问题的能力、创造能力、创新能力及评估能力。澳大利亚斯威本科技大学（Swinburne University）的亚历克斯·马瑞兹（Alex Maritz）认为，创业教育的价值在于理解和创业相关的概念、过程的重要性。很多人赞同美国得克萨斯大学泛美分校（Uiversity of Texas-Pan American）的罗伯特·莫里森（Robert Morrison）博士的观点，认为学习如何制订详细的创业计划最为重要。来自波多黎各东部大学（Eastern University）的格丽塞尔达·科雷亚（Griselda Correa）博士认为，在决定要创业时，知道什么对成功最为重要才是最有价值的。

暂且跳过未分组的类型，先看一下人数排名第四的组别，该组（12.6%）的教育者指出，自信是首要价值。澳大利亚墨尔本大学商学院（University of Melbourne's Business School）的戴维·奥斯汀（David Austin）认为，学生如果能够主动探知身边的一些超乎他们想象的事情，这将是最有价值的。爱尔兰邓莱里文艺理工学院的特雷泽·莫伊伦认为，有信心整合各学科的知识也是非常重要的。但英国利兹都市大学（Leeds Metropolitan University）的特德·沙缅多（Ted Sarmiento）也提出，任何与自信相关的收获都可能会因为过度自信而不能获得。

下一组（11.5%）数据表明创造性思维能力是首要价值。埃及英国大学的戴维·柯比教授认为，创业教育培养的学生应具有创造精神、批判思维及前瞻性。澳大利亚巴拉瑞特大学（University of Ballarat）的杰里·科维舍斯（Jerry Courvisanos）副教授认为要将创业教育的价值和学生的发展联系起来。毕业生应该感到，如果自己可以创造性地解决问题，这个世界将变得更加美好。同样，莫妮卡·克罗伊格（Monica Kreuger）——加拿大全球信息经纪人公司总裁认为，开阔学生的眼界，让其运用自己的能力去改变世界是最有价值的。

接下来一组（9.2%）的教育者把培养创业技能和有意识提高技能当作创业教育的首要价值。爱尔兰国立利莫瑞克大学（University of Limerick）的娜奥米·巴德西索（Naomi Birdthistle）博士赞同此观点。他认为学生有意识地去培养自身技能和能力是非常关键的。澳大利亚阿德莱德大学的加里·汉考克也认为，对自己或其他人创业行为的价值持开放并接受的态度非常关键。另外，英国格拉摩根大学（University of Glamorgan）的保罗·琼斯（Paul Jones）认为，学生能够意识到自己拥有的技能对创业有帮助，这是非常重要的。

一少部分人（5.7%）把自我雇用看作是创业教育价值的体现。尼日利亚大学（University of Nigeria）的本杰明·欧科普卡拉（Benjamin Okpukara）博士把创业教育看作是学生为自己创造工作机会的途径。同时，背景问题是明显存在的，并对毕业生参与创业产生影响。白金汉大学（University of Buckingham）的奈杰尔·亚当斯（Nigel Adams）认为，学生在就读期间就应该参与创业活动。

人数最少的一组（2.3%）受访者认为，创业教育的首要价值就在于培养学生的学习能力来应对失败及一些不确定因素。最后，我们看一下那些没有明确分组的参与者，他们认为创业教育还有其他的价值形式。澳大利亚弗林德斯大学（Flinders University）的薛丕声（Pi-Shen Seet）副教授认为，创业教育的价值在于为主流管理学教育提供另外一种选择。然而，美国奥克兰大学（Oakland University）的马克·西蒙（Mark Simon）副教授认为，创业教育的价值在于让学生在就业时可以选择是否开启创业生涯。当然，对于创业教育的转化性究竟是什么，仍然富有争议。但是，从国际教育者调查中，我们可以清楚地得知，创业教育可以塑造和改变学生。毫无疑问，这些受访者是从学习结果的角度来评估创业教育的价值的。通过体验式的教育形式，学生毕业前在自身价值、态度、信仰及信心方面有所改变。但是，这里也存在着复杂的悖论。

首先，大多数国际教育者调查的受访者都不认为接受过创业教育的学生毕业时不进行创业是个问题。他们认为，创业教育的作用更为宽泛且更具发展性。其次，采用这种发展的视角需要教育者付出一些特别的投入。现在，我们暂且停下讨论，来看看用以应对目前挑战的三段论。

> 创业教育创造的首要价值不在于学生毕业后是否参加创业活动；
> 创业教育创造的首要价值在于对学生毕业之前进行创业特质、技能及态度的培养；
> 因此，创业教育者必须要理解学生发生转变的本质，并明白如何去促成及评价这些转变。

因为这个三段论有很好的逻辑支持，所以，人们对于创业教育者的期望可能要高于其他高等院校中以内容为主导的学科的期望。著名的教育家拉尔夫·泰勒[①]曾声称,"教育是一个改变人行为模式的过程。这里的'行为'是广义上的'行为',包括人的思维、情感及外显的行为"。如果这就是我们所希冀的教育者的角色,那么教育者给学生带来的不仅仅是潜移默化的影响,而是行为模式的改变。另外,由于我们可能更倾向于培养不同类型的、具有创业精神的毕业生,那么,在创业教育领域内,我们所拥有的操作能力则必须靠我们自身来获取。

本书接下来重点讨论的正是这一挑战。作为教育者,我们要如何培养具有创业精神的毕业生?我们如何才能确信自己的努力是否恰当(成功)?作为教育者,我们面临的是具有特殊性质的对话关系。我认为,这种挑战需要我们在自己的范围内了解创业教育。千万不要盲目乐观地从外界直接借鉴一些理念,认为不需要任何调整,这些理念就可以适应学生学习环境中现存的教学风格、学生群体及学校情境。在我们继续前行之前,请再次停下脚步思考本体论基础的本质问题。

请欢迎我们来到你的现实世界

你是想成为一名实证主义者、批判实在论者、批判理论家还是建构主义者呢?显然,创业教育领域的教育者对于现实的构成要素持各种不同的观点。很多人可能从来没有思考过这个问题。然而,为了迎接上面所提及的挑战,我们需要了解自己所选择的世界。卡尔·波普(Karl Popper)[②]认为,根本上来讲,存在着三个世界。世界1是物理世界,包含客观世界的一切物质构成(基于实证主义);世界2是精神世界(基于建构主义);世界3是客观知识世界,是独立于任何人并产生于人脑的抽象精神

---

① 参见泰勒(Tyler, 1949: 5-6)。
② 参见马吉(Magee, 1975)。对卡尔·波普的三个世界理论进行了简要并实用的概括。

产物（基于实在论）。你选择哪个世界无关紧要，重要的是要运用自己相应的能力去理解你所生活的这个世界，并明确你是如何帮助及评价学生的发展的。我曾在本章前面的部分说过，如果我们仅以改变学生思维的机制为切入点，为了确定因果关系，采取批判实在论的视角是比较适合的。

图 3-4 描述了三种常见的科学研究范式及相应的要素。为了帮助或评价学生的发展，你将如何给自己的努力定性呢？你会运用不计价值的实证主义，还是完全使用价值判断的建构主义，或是推崇价值意识的批判实在论呢？作为这类研究的调查者，你必须设定自己的标准。你是否想知道自己的课程和培养高水平自我效能之间的关系？你希望了解学生发展并达成学习结果所经历的多种途径吗？在特定的条件下产生了一些特殊的机制，进而产生某些特定的结果，你是否想将其分离出来呢？

要素	研究范式		
	实证主义	建构主义	批判实在论
本体论	现实是真实的且可以被理解的	多种本土及特定的建构性的现实	现实是真实的，但不能完全被理解，且带有随机性
认识论	客观主义认识论：发现是客观的真理	主观主义认识论：创造发现	改良的客观主义认识论：发现可能是真实的
一般方法论	实验法和调查法：验证假设，主要采用量化方法	诠释法和辩证法：研究者热情地参与调查	案例分析法和集中访谈法：采用质化或者量化的方法进行三角互证研究和解释

改编自：希利（Healy）和佩里（Perry）（2000）

图 3-4 三种科学研究范式及其要素

显然，我更倾向于世界 3，但这并不重要，重要的是你要花时间去弄清适合你的世界的方法有哪些启示和局限。在进入下一章前，你要知道，我坚持的是批判实在论，并且我一直在考虑如何帮助并评价学生，从而让他们更具有创业能力。

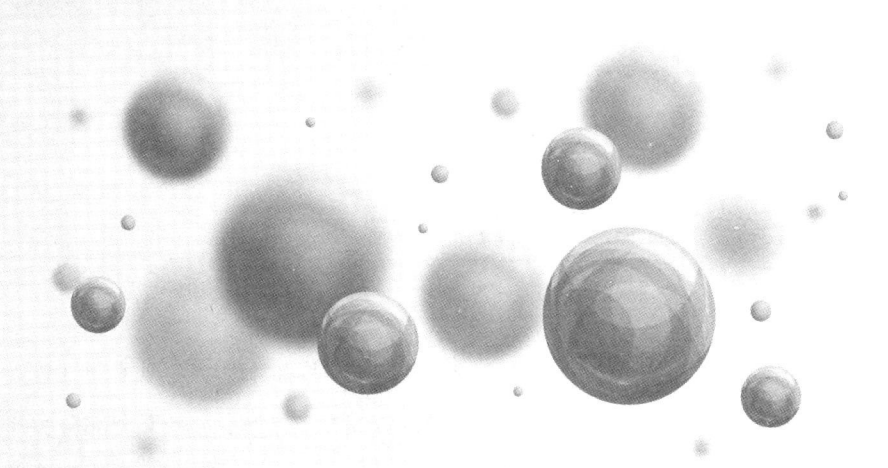

第二部分
学生学习的本质

第四章　理性冒险者

　　就我个人而言，我在研究创业教育教学法的过程中发现了理性冒险者的概念，这对于我来说很重要。在此之前，我已经摒弃了大部分关于研究学生应该掌握什么样的特殊技巧的想法，而进一步研究该如何培养学生掌握与创业相关的技能。正如我在另一篇文章里所讨论过的，[1]我曾经专注于思考为什么有的学生（较之其他学生）应变能力更强，更善于把握和利用机会，同时也能更好地把自己已知的和陌生的知识融合在一起，使知识融会贯通。这个问题与决定学生应该掌握什么样的特殊技能毫不相关。它大胆地超越了学生应该掌握哪些技能这个问题，而这一点也恰好与艾伦·吉布对于创业特质和行为的关注点相一致。[2]由此产生了问题的焦点，即接受创业教育的学生在其学习过程中会涉及怎样的生成机制？正如我在前一章节中提到的，马奥尼[3]认为生成机制具有偶然性，往往发生在未被观察到的实体、过程以及（或者）结构当中，并作为生成结果的最终原因。本章所涉及的生成机制与学生的思维习惯有关。杰弗里·霍奇森（Geoffrey Hodgson）[4]将思维习惯定义为"在人们做出回应或从事各种形式的活动时所产生的自我倾向与处理方式"。思维习惯

---

[1]　参见琼斯（Jones, 2007）。
[2]　全面了解有关创业教育转换角色的特质，详见吉布（Gibb, 2002）。
[3]　参见马奥尼（Mahoney, 2003）。
[4]　如果你不了解演化过程，尤其是把拉马克理论和达尔文理论相结合的演化过程，详见杰弗里·霍奇森（Hodgson, 2001: 109）。

有足够的可塑性，由此学生能通过不断反思进行自我修正。稍后，我将详述自我修正的过程，但首先我们还是来更好地认识"理性冒险者"这一概念。

在创业教育领域，管理和控制学生的预期目标是一个特殊的挑战。每个学生都有自己的雄心壮志，而学生个体中普遍存在的多样性也千差万别。接受创业教育的毕业生往往具有一种为获得自己经济财富而努力拼搏的英雄情结。但随着最初几批毕业生的销声匿迹，这种情结也逐渐消退。实际上，为自己毕业后设定过高的预期目标会对自身产生负面影响。许多学生在临近毕业时都会感到自己的学习潜力没有发挥出来，没能够实现自己毕业就成为创业者的梦想。那么这里最需要的是一个中间步骤。我们应该允许学生们欣赏自己的进步并对自己的进步感到满意，而不是让他们在本该相信自己可以奋斗进取的时候失去信心。考虑到许多毕业生并没有进行创业活动，这个中间环节需要有一些明确的主旨和要义。我们不仅要允许学生锁定他们业已取得的收益，还要帮助他们为一些未知的风险做好准备。

幸运的是，我偶然读到了罗伊·希斯[1]的一份不太为人所知的、题为《理性冒险者》的研究。他的研究对象是普林斯顿大学的本科生。当我拜读他的论述时，我找到了自己想要的那个中间步骤。我终于找到了一个方向，可以把吉布、比格斯、帕克、怀特海、维布伦和其他许多学者的思想融汇在一起。我找到了（如我后来所意识到的）一个完美的方法，通过这个方法我终于能够对自己的创业教育课程进行改革。在创业教育中，还有什么比有目的地培养学生能够为自己创造机会、获得满足感更重要的吗？

第一章曾提过，罗伊·希斯的理性冒险者应具备六种特质：（1）智力

---

[1] 参见希斯（Heath, 1964）。

能力；（2）能够与他人结成亲密关系的能力；（3）价值判断独立性；（4）含混容忍度；（5）广泛的兴趣；（6）幽默感。现在，让我们重新思考每一种特质，选出一些学生评论进行仔细的分析和考量。这些评论来自于我曾经教过的学生，他们都接触过围绕这六种特质设立并开展的课程。

智力能力

巴克斯特-马格达[①]的理论与希斯之前的研究有一定的相似之处。她在书中提出了一个关于自我发展的概念，并称之为"自我主导"理论。她在著作中概述了自我发现的过程，认为该过程可以通过三个特殊的维度，即认识论维度、个人内在维度和人际维度得以实现。在巴克斯特-马格达[②]更早的一部著作中，她给自我主导理论定义为"收集、阐释并且分析信息的能力，反思个人信念以形成判断的能力"。由此，巴克斯特-马格达认为人们有在持相信态度者和持怀疑态度者这两个不同角色之间进行角色转换的能力，并肯定了这一能力的重要性。从这一特质出发，仔细思考学生的评论是件有意思的事。

> 我并不十分确定自己是否能培养出在这两种角色之间进行转换的能力。也许我已经拥有了这种能力并且使其得到了进一步的发展。我可能起初持相信态度多一些，然后通过与他人交流又变得有些怀疑。在小组讨论活动中，组员们的确提出了不同的观点，这甚至会影响到我理解事物的方式。因此，与有着不同背景的人群讨论某些问题往往会引发一些怀疑态度。（学生评论1）
>
> 说实话，我认为这一单元使我更倾向于成为一个持相信态度的人

---

① 参见巴克斯特-马格达（Baxter-Magolda，2004）。
② 参见巴克斯特-马格达（Baxter-Magolda，1998: 143）。

而非一个持怀疑态度的人。我可以在这两种角色之间转换,但是起初我绝对是一个持怀疑态度的人。我不能说自己太过消极,但是我天生就是一个认真谨慎的人。许多创业者遭遇的失败使我在开始的时候倾向于持怀疑态度,但是在这一单元快要结束的时候我开始更倾向于相信的态度。我很喜欢这句话,"不把握机会采取行动进行尝试,你就百分之百不会成功",的确如此。(学生评论2)

我认为我更像是一个持怀疑态度的人,当然这取决于具体的情况。我感到在本学期的学习过程中,自己在这两种思维模式之间找到平衡点的能力有所提高。由此我也觉得自己已经成为了更优秀的分析者。(学生评论3)

我感觉自己似乎既有相信的态度,又有怀疑的态度。创业教育这门课程使我意识到了持相信态度的益处。(学生评论4)

我感到上述学生评论表明他们在起初的阶段可能更倾向于怀疑的心态,这也可能说明他们对教育体系没有足够信心。可能是那些不联系学生现实情况、只会照本宣科的教师使学生们对自己的学习能力失去了信心。毋庸置疑,如果我们把真正关键的问题交给学生,让他们自己去决定什么是对,什么是错,那么他们将以更负责的态度对待自己的学习,这也是形成以学生为中心教学或学习的必要的前提条件。

与他人结成亲密关系的能力

另一个特质是与他人结成亲密关系的能力。我们或者可以将其理解为一种能够发现他人个性的能力,抑或是指彼此之间可以交流情感,并且自己先前的看法会受到这种朋友关系的影响而产生变化。在这里我不得不再一次地说,学生们的看法很有趣。

是的，我认为我所在的小组具有多元文化背景，这真是太好了。我之前从没想过会遇到这么棒的团队成员。由于有着不同的文化背景，我们每一个人都很独特并且具有鲜明的个性。每一位成员都能够各司其职，我想我们之所以能成为一个优秀的团队，就是因为成员之间存在多样性。在我本学期参加过的所有团队中，创业组的成员成了我最好的朋友……这谁能想到呢？虽然我们相互之间差异很大，但仍有许多共同之处。（学生评论5）

尽管我很熟悉×××，但更让我感到欣喜的是我们合作得非常融洽。他在技术（概念）方面比较擅长，而我在设计（展示）方面比较拿手。当我们最终汇总演示材料时，我真的非常庆幸每位成员都能各展所长、各显其能，这种合作方式让工作变得容易了许多。（学生评论6）

如果没有大家的共同努力，我们的演示材料不可能如此丰富。作为个体，每个人都有自己的思维模式，如果把个人的想法与大家的想法结合起来，我们可能会找到一条之前不太可能尝试的路。如果没有团队合作，这几乎是不可能的。我喜欢团队合作，和队友一起集思广益是产生创造力的第一步。没有什么东西比每个人的个性更重要了。（学生评论7）

我们组每一位成员都有自己独特的才能，而且我们之间原本熟悉，这是件很有趣的事。在×××加入我们团队之前，我们总是能够很快地完成工作，而且工作的过程也很有意思。我们都熟悉彼此的幽默感和工作方式，这让我觉得很舒服。但是当该同学加入我们团队以后，事情发生了变化。作为一个整体的团队，我们不得不放慢工作速度并且详细地向她解释每一项工作（因为她是一名留学生，英语水平有限）。但后来，我逐渐地开始欣赏她的个性，她很愿意参与到我们中间来，并且非常有耐心。如果换作是我，我可能没那么有耐心。（学生评论8）

> 本学期我加入了一个工作效率非常高且成效显著的团队……创业教育课程并不像其他课程那样要求每个人对事情都持相同的看法……这是我们团队取得成功的主要因素，我们也逐渐学会了欣赏他人的个性。（学生评论9）

我们越来越关注团队合作，目的是培养学生亲密的工作关系。学生们似乎已经发现这种学习方式对于建立新的朋友关系和欣赏他人个性等方面很有帮助。考虑到将来发展社会资本和人际关系的重要性，这种学习方式对学生的帮助更大。最令人感到欣喜是，小组活动中澳大利亚学生能够与留学生合作，他们愿意花时间去欣赏彼此的文化差异。

价值判断的独立性

第三个特质是价值判断的独立性。我们也可以把它解释为依靠个人经验而非已知外来权威判断价值的能力。学生评论再一次提供了有趣的视角并且证明了本单元学习活动的价值。

> 我越来越相信自己的想法和参照标准都有实质意义，并且都利于我做决定。一直以来我在学习任务中都依赖他人的信息反馈，但在这里我并没有关系亲密到足以让我完全信任的人。因此，我不得不依靠自己和自己的判断。（学生评论10）

> 我认为本单元与其他单元不同，很难依靠经验学习。因为我之前从没做过这样的练习，所以在案例讨论时，想把以前的经验与案例联系起来真不是件容易事。我认为从某种意义上说，我积累的某些基本经验虽然已经帮我做出一些简单的决定，但总体来说，如果想要解决更多问题我还要不断地适应和学习。（学生评论11）

与其做冒险性尝试,我更倾向于遵循学术指导。在游戏中,我的确从没有做过冒险的尝试。对于遇到的问题,我通常只按照看似正确的方法解决。很多时候我这样做都是正确的,但是我想,因为其他人都在进行一些冒险的尝试,我的这种做法未必真的行得通。(学生评论12)

比起我大学期间完成的其他单元的学习,在完成这项任务和写反思日记时,我确实更多地依靠了自己的个人经验。(学生评论13)

毫无疑问,本单元的学习与之前有很大不同,而且我不得不说在开始的时候我有些困惑,当然这是我没预料到的。我想我在本单元的学习中,尤其是做演示的时候依靠了自己的经验,这是因为我并不完全了解我所要演示的内容。我花了不少时间才逐渐消除起初的那些困惑,本单元无疑使我迈出了我的"舒适圈"。(学生评论14)

关于这一特质,学生的意见似乎存在更多分歧。我个人认为,学生对运作良好的团队的适应程度非常重要。当团队的运作建立于组员之间彼此倾听并且互相欣赏的基础上时,团队成员的自信心往往会增强。我能感觉到这种自信使他们在做最后决定时勇于承担更多的责任。如果情况相反,学生可能会默认一个惯例化的规则或立场。第14份学生评论值得我们注意,这位有困惑的学生所在的团队运作不畅,并且该生没能理解创业者的思维方式。这可能说明,作为教育者我们必须要确保小组活动的微观基础能够激发而不是妨碍这种思维方式的发挥。

含混容忍度

含混容忍度是第四个特质。杜威(Dewey)[①]认为,这是一种把生活

[①] 参见杜威(Dewey, 1922)。

看作一系列干扰和恢复的能力。如果对他的阐述稍加修改,含混容忍度是指人们在获得充足的、能保证他们做出明智决定的信息之前暂缓做决定的能力。

我是一个条理性强的人,想要知道正在发生什么以及应该发生什么。最为重要的是,我想要知道我在做什么。由于对一些事情,尤其是对这个游戏不够了解,我这学期遇到了一些挫折。但是随着时间的推移我已经能够较好地处理这种情况,我认为不需要再为此担心,并且从某种程度上说,本单元的学习及测评不再像其他单元那样使我感到有压力,事实上我已经从中得到了快乐。尽管仍然不喜欢对事情一知半解,但是我相信我面对这种情况时更加从容了。(学生评论15)

有人通过别人是否愿意参加会议判断自己成功与否,认为富有创造性的聪明才智是成功的原因,但我不属于那种人。如果我有事情做得不够好,我愿意将其归因为自己还不够努力。但是在本单元的学习过程中,很多时候情况并非如此,这会令我感到有些沮丧。(学生评论16)

因为本学期学习过程中总会有些不确定的情况发生,我有时候会觉得泄气。我是那种愿意尽全力追求完美的人,所以每当有什么东西妨碍事情有效或高效地发展时,我就会有种挫败感。现在我意识到,虽然在当时这种含混不清就像一个真实的噩梦,但事实上它使我获益匪浅,因为恰恰是这种含混不清刺激我不断反思和思考。(学生评论17)

我不喜欢含混不清;在进行推理和做决定时,我需要清楚准确的信息和结构合理的推理做支撑。尽管我对含混的容忍度仍然有限,但是我感觉通过向组员们提问或和他们进行更开放的交流,我个人的人际交往能力似乎也得到了提高。(学生评论18)

学生们关于培养含混容忍度的评论揭示了这样一种状况:当我们暂

时把学生学习结果放到第二位而更强调培养学生延缓做出决定的能力时，有些学生表现得相对灵活，有些学生则表现得非常呆板。这个问题虽然不足为奇，但当教育者们致力于营造一个学生都能畅所欲言的学习环境时，这个问题仍然非常重要。在塔斯马尼亚大学进行的创业教育研究则非常有代表性地为学生们的学习提供了一个出发点。同样，我们需要做更多的工作鼓励那些悲观、不愿意承担风险的学生放松，让事情顺其自然地发展。

兴趣广泛

该特质以怀特海[1]提出的要保证学生随时随地学习的概念为基础。培养学生这方面的能力也相对容易。每次研讨会前，各组学生都会得到一份阅读材料。他们的任务是要联系实际生活来解释阅读材料的中心思想。希斯把这种能力解释为对寻常的事物怀有不寻常的兴趣。因此，如果要对某个问题进行持续研究，我们就必须以兴趣的深度代替广度。

> 本单元关注的是不同的人因情况和原因不同，做事的方法也有所差别。我发现很多时候理论要比实际复杂得多，但当我们化繁为简，把理论应用于较为简单、平常的地方时，我发现自己对于理论的理解会更快更好。（学生评论19）

> 有人鼓励我们把理论应用到生活当中。我很喜欢这样做，因为这也有助于我们对理论的学习。同时我们也看到了其他小组是如何在生活中学习这些理论的。（学生评论20）

> 起初我觉得自己是上当了，老师并没教我们什么知识，是我们自

---

[1] 参见怀特海（Whitehead，1929）。

己在做所有的功课。后来我们在准备自己的小组演示的过程中得到了许多乐趣。我们开始真心期待看到其他小组做的成果展示。那时我意识到我们已经学会了一种不一样的学习方式。(学生评论21)

当我试图平等看待每种特质并且认为所有特质都与学生的发展紧密相连时，我不得不承认我对这种特质有特殊的偏好。为什么会这样呢？早在我发现理性冒险者概念之前，我们就一直在要求学生寻求理论与现实生活的结合点。这就像在复杂的拼图游戏中拼对了最后一块图片一样。

幽默感

在塔斯马尼亚大学进行创业教育研究时，我很关注如何在课堂中用幽默调节参与者之间的关系，也许这只是源于我对自身生活方式的反映。我总是希望自己对待生活的态度能如那句老话所言，能用愚蠢来解释的就不要归咎于恶意。因此，我会鼓励我的学生们犯一些善意的、幽默的错误，而不要把生活看得过于严肃。

> 是的，这真是太好了。这是种不错的学习方式。我真的喜欢做这样的事情。它使生活充满乐趣，而这才是意义所在。很多人认为努力工作是理所应当的。有些老师费尽辛苦做事并要求我们也这样做。但是如果你能学到知识，老师用一种你乐于接受的方式对你进行评估，同时学到的知识又会使你终身受用，那该多好啊。因为实际上我们需要学习的是生活的技能，学成之后就可以工作了。单纯的理论学习不是我们的终极目标，我们学习的目的是要把理论用于现实世界中。我非常享受和团队成员一起工作的快乐时光，我们总是能开心而又迅速地完成自己的演示工作……这让我们很高兴，同时又为我们减轻了压力！我想能和这样的团队成员一起工作真是幸运。(学生评论22)

是的，我喜欢课堂上的幽默气氛，这使得课堂不再枯燥无味。能在课堂上欢笑并且享受这份愉悦可真好。其他的小组用袜子手偶和其他我们组没有使用的道具做了更有趣的演示。我想我们小组在汇总成果演示时做得非常好，我们的组员都是很好的合作伙伴，不过他们真的很能搞怪。甚至有人在我们讨论如何组织成果演示的时候都会拿演示或是我们要用到的事例开玩笑。我记得有一次我做成果展示时汤姆总是弄不懂，亚历克斯就过来帮忙。我给他看视频片段并讲解如何使用时，他以为我在开玩笑。当我们说我们是认真的，他都要"崩溃"了。我们都笑了，然后我又详细地给他解释了一遍。除了小组活动，幽默感在人际交往时也会发挥作用。我们从始至终一直以这种方式进行案例分析，这可真合我意。（学生评论23）

如果有人问小组里其他成员对我的看法，我相信他们会用极度活跃或总做傻事这样的话来形容我。我认为幽默在整个小组活动中扮演着非常重要的角色，而且你能够看到它的作用——它会使整个小组更快乐更有凝聚力。如果幽默的元素被广泛地运用在小组成果演示上，整个班级都会体会到它的妙处。（学生评论24）

我认为在我们组内，幽默是最常见的沟通方式。我们的组员在一起工作时非常热闹，每个人都有独特的幽默感，很多时候甚至连他们自己都没意识到这一点。除了小组活动，我与其他人交流的时候也会表现得很幽默。我发现班里的其他同学也很幽默，我想就是因为这样，我们班特别活跃，而我也非常喜欢这种感觉。（学生评论25）

这些评论是塔斯马尼亚大学接受创业教育的学生做出的反馈中比较有代表性的。它们都支持一个观点：幽默感就像一艘破冰船。它能够促进学生互动，使学生在学习环境中获得自信。我之前解释过，就我自己童年的学习经历而言，在学习过程中乐趣的存在非常重要。幽默感可以产生"芝麻街"①效应，藉此，被学习活动中的刺激和乐趣吸引的学生能够完全地投入其中。一旦他们进入到研讨会后的反思阶段，就会承认这是一种学习上的收获。

创业者是理性冒险者？

我们还要求做出上述评论的学生思考，相对于未来可能参与的创业行为，他们对自身的了解有多少。他们的回答非常有趣。

> 在本学期的最后一天，我对自己所取得的成绩感到非常自豪。我身边的一切都起了变化，毫无疑问，我对含混有了更大的容忍力，同时我变得更坚强，不会被糟糕的情况击倒。看到我给自己以及学习小组的学习环境带来的"正向偏差"的变化，我终于明白"除非你愿意承受失败，否则你不会成功"这句话的含义了。我知道，只要勇于尝试，我一定行！（学生评论26）

> 我发现本学期的学习激发了我的积极性，我是说本单元的知识并非单纯地给了我动力，而是我通过阅读了解了许多创业者的故事，我告诉自己，是的，我也可以像他们一样在那种情况下坚持前行。我认为想成功创业，坚持非常重要。（学生评论27）

> 本学期参与创业行为的学习使我意识到，如果创业就像我们在课堂上做的小组活动一样，那我可能不太适合。我想最主要的原因就是我无法控制形势。譬如，这个游戏是凭运气的，小组成员的构成就取决于你上第一堂课时所坐的位置。结果证明我的确不喜欢自己对于重

---

① 《芝麻街》（Sesame Street）是美国公共电视台演播的儿童电视系列节目。节目寓教于乐，颇受人喜爱。——译者注

要的东西无法掌控的这种情况。(学生评论28)

  我喜欢本单元的原因是,作为学生我们有了自由控制的权力;我们可以自由地发表言论,同时有责任相互学习、彼此合作、共同探索解决问题的办法。我在所有这些因素的作用下逐渐成熟起来,整个学期结束时,我意识到我人生中的这六个月成为联系学习与工作的桥梁。(学生评论29)

  上述评论充分体现了学生们的自主权、自由感和反思意识。虽然还没有找到能够培养出富有创业精神的毕业生的最佳方法,但我认为我们应该接受这一点:我们都有能力开拓自己的成功之路,关键是要找到衡量标准。在我看来,艾伦·吉布提供了许多这方面的标准。

  艾伦反复呼吁创业教育领域的教育者们重现创业者的生活方式。但这对于许多刚刚踏入该领域的教育者来说并未产生足够的影响。究其原因可能是吉布只是提出应该创建这种方式却没有说明如何创建。如何创建这种方式面临着挑战,这些挑战与我们反复斟酌的对话关系的本质有关。在先前的著述中,吉布列出了14项塑造创业者生活方式的教学任务。主要培养以下内容:1)承诺意识;2)强烈的责任感;3)强烈的所有权意识;4)承担风险的能力;5)吃苦耐劳的精神;6)自由感;7)在数据有限的不确定情况下做出决定的能力;8)处理利益相关者关系的能力;9)工作的积极主动性;10)处理金融资本变动的能力;11)处理社会关系变动的能力;12)管理(控制)整体工作的能力;13)从实践和反思中学习的能力;14)克服孤独感的能力。

  作为教育者(如果我们选定了这一整套任务目标),我们要做的就是仔细思考何种教学活动有助于培养毕业生所需要的技能。正如我们在第一章里讨论的,这个任务是无法转嫁到别处的。作为创业教育工作者,我们的存在价值就在于此。虽然人们尚未找到完全正确的做法,但我们进行了多种多样的竞争性学习活动。这些活动可以自由组合、拆解、重组，这使我们向培养令人满意的创业技能这一目标迈进了一步。

然而，显然我们没办法完全保证：1）使每一位学生都具备令人满意的技能；2）作为教育者，我们的教学计划能够行之有效。然而，这些高校至少可以保证他们的毕业生有尝试自我发展的机会。这种技能培养的结果是明确的，同时也正是我们期望达到的。在这个基础上，我们要研究的下一个问题就是应该如何培养这样的技能。

培养创业技能

我们已经深入探究了前一章节里所涉及的话题，现在我们可以更仔细地考量该如何帮助学生学习创业技能。我之前对此已有所阐述，我的想法可能给本书的读者带来了一定挑战。在此，我将尽我所能来解释我对学生技能习得的看法。图4-1看似复杂，该图阐明的过程背后所蕴含的基本原理与杰弗里·霍奇森[①]在拉马克进化论（Lamarckian evolution）的基础上提出的理论有关。其中蕴含的达尔文关于遗传修正过程的理论也是在拉马克进化论的基础上发展起来的（顺序如图由左及右）。

学生复制实体$(Sr)_1$ 学生复制实体$(Sr)_1'$ 学生复制实体$(Sr)_2$ 学生复制实体$(Sr)_2'$ 学生复制实体$(Sr)_3$ 学生复制实体$(Sr)_3'$

学生交互实体$(Si)_1$ 学生交互实体$(Si)_1'$ 学生交互实体$(Si)_2$ 学生交互实体$(Si)_2'$ 学生交互实体$(Si)_3$ 学生交互实体$(Si)_3'$

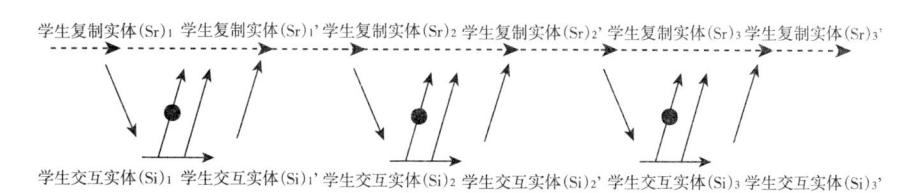

图4-1 交互实体与复制实体

达尔文理论涉及变化的过程，给自然选择指定了主要的（而非唯一的）

[①] 参见霍奇森（Hodgson, 2001）。

因果条件。拉马克学说的提出基于"获得性特征只能较少并且较弱势地遗传"这一与自然选择过程相关的理论。[①]也就是说，拉马克过程涵盖了达尔文理论的首要特性，以隐喻的形式假定我们认同社会实体能够获得（遗传性）特征。[②]

下面让我们来研究图4-1。按从左到右的顺序有一条虚线箭头，表示以时间为轴学生的变化过程。在虚线的上方和下方各有一些字母（Sr或Si），其中，标注了字母"r"的表示学生复制实体，标注了字母"i"的表示学生交互实体。图表从左及右的运动过程表明了两种实体的变化。为了不造成更多困扰，我们在此先进行扼要的复述再继续研读。图4-1表明了一名学生随着时间推移思维习惯产生的变化。前文提过，[③]思维习惯是"在人们做出回应或从事各种形式的活动时所产生的自动倾向与处理方式"。此处我们对变化的解释主要集中在复制实体和交互实体上。在图4-1中，实线表示与该生（通过自然选择）实现的发展过程相关的因果关系。（向上的）两条平行的箭头线表示获得性特征的习得（即前文提到的思维习惯的修正）。两条箭头线中带黑色圆圈的一条表示技能的习得；另一条表示知识（思想）的习得。在给出进一步建议之前我们先来一一阐述潜在的因果过程。

"Si"代表学生与学习环境中所有因素的交互活动。"Sr"指的是学生的全部习惯，虽然这些习惯相对稳定，但是通过学习环境内部或外部的频繁互动，习惯也可以有所改变。因此，我们关注的是学生的思维习惯（或复制实体）能否通过与学习环境中其他因素相互作用得到修正。这个选择的过程既可以通过正式的方法，如设置对创业行为进行评估和奖励来完成，也可以由非正式的、学生对自己表现的反思来推动。

---

① 参见古尔德（Gould, 2002: 354）。
② 参见赫尔（Hull, 2001）。
③ 参见霍奇森（Hodgson, 2001: 109）。

因此该图表明，我们可以通过独立的自然选择（或评估）过程以及内在选择（如学生反思）过程来培养创业技能，其过程都是通过遗传获得性特征来完成的。图 4-1 是一条与三次研讨会相关的时间轴（尽管实际上研讨会的次数不止三次）。当每个学生第一次与其所在小组进行互动时（学生交互实体$_1$到学生交互实体$_{1'}$），他们的个人表现将首先由他们各自的思维习惯决定（譬如，他们的交际能力、创造性思维能力等）。同时，尽管受影响程度较低，他们的表现也受与本组或其他小组成员的交互活动习得的特征影响。因此，每个小组也都能够通过个体学习和模仿别组行为遗传获得性特征（或技能）。随着这种情况的发生，学生（及其所在小组）的复制"码"也将发生改变，这种改变可能（不）会对下一次的研讨非常有利。让我们从小组活动的角度重新审视这一过程，换另一种方式来理解变化的过程。

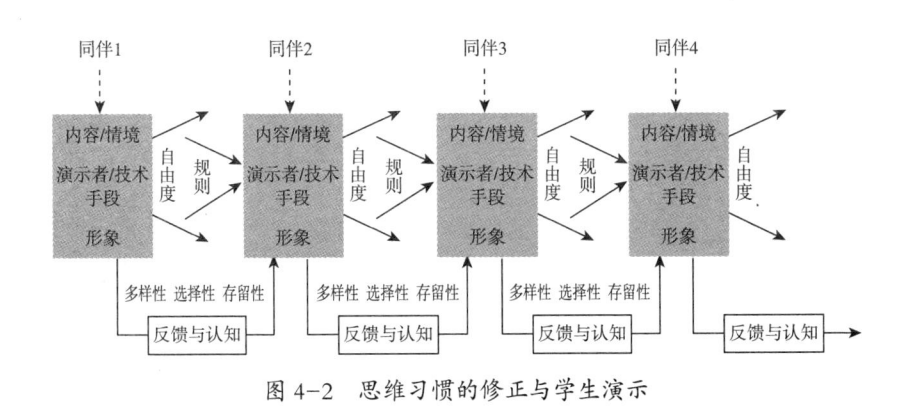

图 4-2 思维习惯的修正与学生演示

在图 4-2 中，假定学生个体的习惯整体转化为小组的习惯；每次研讨会上做的小组演示都由小组的习惯决定。学生演示是互动行为的主要载体，学生通过小组演示得到反馈。反复的互动使得各小组以及小组成员的行为和思维习惯得以修正。各小组根据他们获得的肯定或否定的反馈进行评估，从而最终筛选出新的个体习惯。

整个过程的第一步是各小组决定他们要做的演示的内容和情境（content & context）以及协助/演示所需的演示者和技术手段（persons & technology）。在这个过程中，无论他们本意如何，基于他人对其形象（identity）的看法建立起来的小组形象也随之展现。这些因素综合体现了交互活动的本质，通过交互活动我们才能推断该小组发展的适应度。接下来要进行同伴评价。通过同伴评价，各小组可以得到自己演示成功或者失败的评价和反馈。我们对于演示内容和背景设定了明确具体的要求，每一个元素都按照从 0 到 100 进行打分。我们要求学生详细说明他们对每次演示喜欢和不喜欢的地方。在评价过程中，他们要根据各小组所选择的特别技术（或是演示过程）以及所选的演示者等因素考虑该组展示给他人的形象。因此，同伴评价起到了选择机制的作用，其结果包括总结性评价（或评分）和形成性评价（体现为有价值的书面反馈）。

这样，演化过程决定了小组的各互动要素。该演化过程具有多样性、选择性以及可存留性（VSR）。演示完成之后，各组必须找到一个平衡点，既要体现互动要素重组的自由度，又要遵守规则，服从研讨会时间安排、满足观众感知的要求。事实上，这个过程会涉及更多问题。在目前的情况下，我们尚未谈及学习环境中各要素发生的变化的本质。这个问题我们将在第六章讨论。现在，我们将就理性冒险者的本质特征和这一概念给我们带来的启示加以总结。

在波涛汹涌的大海上找到一处港湾

为什么我们要用这么多时间思考接受创业教育的毕业生的发展问题？图 4-3 是我们专门为接受创业教育的学生设计的人生规划。该时间轴展现了一位学生从开始接受创业教育到学习结束时以及在毕业后以开创精神自由创业的人生方向。我曾经提出，通过围绕中间步骤（如理性冒险者）组织课程开发，我们可以更多地关注学生们能够并且应该学什么以及怎样学的问题。

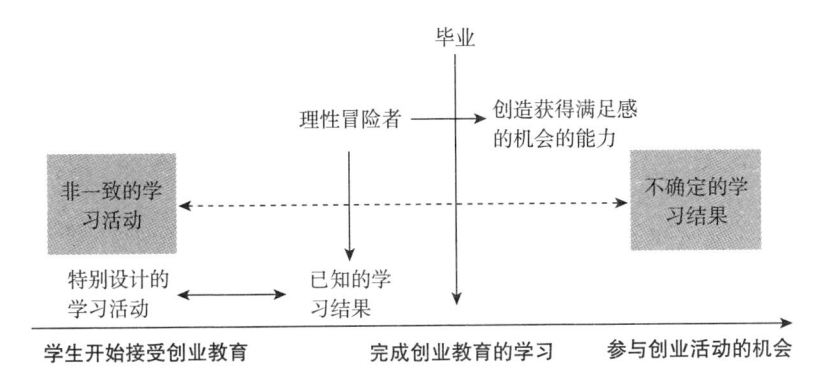

图 4-3 为接受创业教育的学生规划的建议性人生方向

在为学习创业教育的学生描绘明确的、可实现的目标的同时，我也有所收获。我清楚地了解到什么样的学习结果才是最好的。因此，我能设计出多种多样的学习活动，使参与其中的学生都有所收获。假设我能够对学生的成绩做出准确评估，那么实施建构性协同①的可能性就非常高了。我们来看看图 4-3 中描述的交替过程。我们无法确切知道学生毕业后会进行什么样的创业活动，如果你接受这个事实，那么我们怎样才能准确地判断他们应该学什么？创业教育的范围应该缩减到技能和过程吗？我们能够保证学生今天学的知识面对未知的将来依然会有价值吗？就我们尚不能完全预知未来需要什么样的知识这一点来说，我们无法知道哪种学习活动最合适。显然这不是理想的情况。因此，中间步骤的出现就合理了。

举个例子，假设学生会按照四种创业路径发展，每一种路径都是对他们现今生活的跨越（stepping-up），②我将为大家逐一描述。首先，他们

---

① 了解建构性协同概念的重要性，详见比格斯（Biggs, 2003）。
② 查询更多关于跨越现实的创业之路的概述，请登录 http://www.step--up.com。

可以在一家并不属于自己的公司工作,以员工的身份开始创业生涯。其次,他们可以作为服务者,以服务社会的角色从事某种形式的社会创业活动。再次,他们可以通过购买实业的方式成为现有企业的拯救者。最后,他们可以投入创业活动成为新企业的创造者。我认为这四种路径的构想与为学习创业教育的学生提供中间步骤的想法是一致的。这个中间步骤使学生在面对未来的人生旅程时有做出选择的能力。因此,对我个人而言,理性冒险者这一概念很实用,而且与我的教学理念非常一致。那么真正的问题就是,在这场辩论中你会站在哪一边?

你能培养学生的创业技能吗?

在设计开发创业教育课程时,你必须要考虑几个关键的问题。第一,你的学生究竟需要学什么,而你如何能促进这一学习过程?本书反复提及这一问题,因为它的确非常重要。如果对这个问题不能给予足够的认识,你就不能尽到作为一个教育者的最基本的责任。且不论资深的同事会向你提出诸如你要教什么以及如何教的问题,我们就先想想教育者的基本责任,这个责任既繁杂又令人兴奋。

让我们花一点时间走出创业教育领域,漫步于教育园地的一隅。不得不说,这一隅(应该)与各种体验式教学相关。科林·比尔德(Colin Beard)[①]的论著越来越吸引我。他的著述使我们超越了这一领域中早先的一些典范论著。[②]比尔德关注学习者的外部环境、感知层面(sensory interface)和内心世界。从这个角度出发,我们作为教育者不仅应该思考学习发生的地点,还要了解学习者在学习的过程中实际在做些什么;不

[①] 探究体验式学习背景下的学生学习的可能性,详见彼尔德和威尔逊(Beard and Wilson, 2002)。
[②] 参见鲍德、基奥和沃克(Boud, Keogh and Walker, 1985)。

仅要关注学习者如何体验学习，还要解释他们在学习中投入的情感的本质；不仅要思考学习者需要学什么，还要了解如何鼓励学习者改变自己。

我们可以把这一挑战简化为建构性协同的过程。我们可以站在学生的角度扪心自问，学生需要学什么？什么样的学习活动能最大程度地促进学习？最后还有一个问题，什么样的评估能帮我们测定学生在获得预期的学习结果方面取得的进步？然而，尽管这种方法非常有用，我们仍无法充分地观察到学生的外部环境、感知层面和内心世界。我们必须踏上寻求能够清晰阐述学习者学习方法的旅程。

尽管这看似复杂，但不要气馁，我们是能够完成这个任务的，而且这正是我们的工作。21世纪教育机构的运行方式决定了教学研究越来越被淡化。因此，你所面临的挑战就是不要受日益降低的教育标准的影响，而要发挥你的专长指导学生学习。为了达到这一目的，你更应该了解学生是如何学习的而不仅仅是他们需要学什么。

第五章　学生多样性

毫无疑问，作为教育者，我们面临着高等教育领域学生多样性日益凸显的问题。[①]在本章中我将证明学生多样性问题会给教育者带来一个独特的机会，有助于提高学生的学习结果。以往研究说明，高等教育受学生多样性[②]影响越大，学生的学习结果越理想。在这些研究的基础上，本章主要介绍如何确定学生多样性以及怎样利用学生多样性来培养创业技能。事实上，我们与其把"房间里的大象"隐藏在黑暗的角落里，不如把这个问题揭示出来并加以研究和利用，从而促进学生学习成绩的提高。

因此，本章对目前界定创业教育的背景和过程的方法提出质疑。我们希望教育者能重新重视在课堂教学中确实存在的多样性问题。就这一问题我们每个人都努力做了尝试：我们作为教育者付出了努力，学生作为学习者付出了努力。同时，连接师生双方的多种教学方法也得以彰显。进行接下来的讨论的前提是，学生在作为个体学习的同时，与他人的交互活动也有可能极大地提高其学习结果，当他们在异构型学习环境（heterogeneous learning environment）中共同努力时尤为如此。

稍后我们将要讨论到国际教育者调查显示出的一些有趣的问题，它们能帮我们洞悉创业教育者的精神世界。有人认为多样性的问题并不重要，但也有人认为我们应该承认它的存在，并向学生保证这不会阻碍他

[①] 证明学生多样性的存在及其日益凸显的重要性，见比格斯（Biggs, 2003）。
[②] 关于学生多样性在学生学习中产生积极影响的报告，见古林（Gurin, 1999）。

们实现远大抱负。还有一些受访者认为，接受课堂教学中学生多样性的问题需要教育者探究适合学生多样性发展的教学方法。我并不想直接阐述这些观点。本章的重点在于如何确定和利用创业教育中学生多样性的问题。解决这两个难题之后我们再来研究受访者的观点。然后，与前面几章一样，你将有机会反思自己的观点和立场。首先让我们研究如何确定课堂教学中学生多样性的问题。

确定学生多样性

要测定学生多样性的程度，我们必须先给多样性建立一些维度。我最近在一篇文章中讨论过，[1]学生多样性的构建不仅仅局限于社会和种族本源。我提出了一个学生相似性指数，用以确定某个班级内部学生多样性的程度（该指数也适用于多个班级之间学生多样性水平的测定）。这个学生多样性指数借鉴了皮安卡（Pianka）在生态学中提出的群落相似性指数（Community Similarity Index），[2]它可以简单表述为X/N，其中X代表每一对学生共有的特征（维度）数，N代表某一学生的特征总数。

我们采用了与学生背景（如年龄、国籍、研究领域）、学生现状（如敬业程度、学习努力程度、个人理想）、学生的学习方法（如学习方式和学习个性）等相关的八个维度。现在让我们看一下这种鉴定方式是如何操作的。列表中数据的采集来自2009年我在塔斯马尼亚大学教授的四个创业小组，从表5-1中可以看到班级内部的学生相似度变化值在43.04%到59.61%之间。

---

[1] 见琼斯（Jones, 2010b）。
[2] 皮安卡指数，表达式为X/N，其中X表示在两个群落中共同存在的亚种群的数目，N表示在两个群落的任意一个群落中都存在的亚种群的总数；当两个群落一样时，相似度指数为1，当两个群落没有共同的亚种群时，指数则为0。详见皮安卡（Pianka, 1973）。

表 5-1　塔斯马尼亚大学四个创业小组组内的学生多样性调查

	统计数据				
		BMA213 小组	BMA787 小组	BAA510 小组	BMA204 小组
特征总数	有效样本数	120	78	190	2278
	缺失值	2173	2215	2103	15
均值		.4304	.4655	.5961	.4612
标准误		.01783	.1952	.01088	.00377
标准差		.19529	.17236	.15003	.17987
方差		.038	.030	.023	.032
极差		.88	.75	.75	1.00
最小值		.00	.13	.25	.00
最大值		.88	.88	1.00	1.00

相似度较低表明组内学生对八个维度的反馈差异程度较大。该表无法明确体现出各组学生差异度不同的原因。我们为什么要了解不同组别的学生的差异度呢？作为教育者，你能不考虑学生群体的特点而用同样的方法进行教学吗？优秀的教育者能够凭直觉调整授课方式，满足学生的需求。然而，我们是应该依赖无意识的直觉还是应该寻求更为成熟的理论来指导自己进行教学调整？在图 5-1 中，我们可以观察到四个小组之间学生多样性的特征。

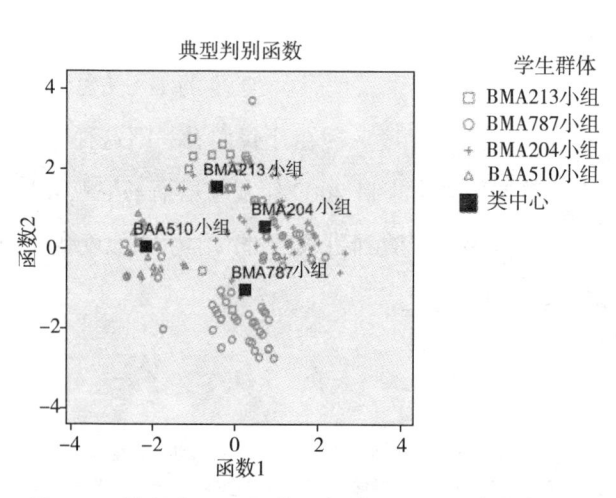

图 5-1　塔斯马尼亚大学四个创业小组的学生多样性

典型判别分析非常有助于我们梳理及分析各创业小组在学生多样性方面是如何不同的。如果把每个小组看作类别因变量，我们可以检测每个小组与八个自变量或维度（如之前指出的年龄、国籍、研究领域、敬业程度、学习努力程度、个人理想、学习方式以及学习个性）之间的关系。

统计结果显示，接受测试的各小组在下面一组变量（判别函数）中的区别非常显著：敬业程度、成熟度（年龄）、学生类别（国籍）和学习方式。这些变量（如表 5-2 结构矩阵所示）合理地解释了各小组的多样性水平，这些多样性水平特定且唯一，都是由各小组成员的差异性所导致的。

表 5-2　模型结构矩阵

	函数 1	函数 2	函数 3
敬业程度	.787*	−.172	.496
学习努力程度	.201*	−.046	−.038
成熟度	.580	.603*	−.252
学生类别	−.500	.508*	.384
学习方法	−.074	−.142*	.125
学习方式	.002	.090	.416*
院系	.097	.161	−.194*
志向	.081	.120	−.120*

注：表中数据是按绝对值大小依次排序的组内各判别变量和标准化典型判别函数间的相关系数；标有"*"表示的是相关系数中最大的一个。

虽然前两项判别函数就足以解释模型中呈现的方差（见表 5-3 和表 5-4），但是判别函数的 Wilks' lambda 值表明所有的四个变量在模型中都是有效的。函数特征值水平显示，判别值与小组之间的联系十分紧密。卡方统计量检验了用于所有受访小组的函数均值都是相等的。较低的显著性值说明在区分各小组时，使用判别函数要比碰运气有效得多。

那么这说明什么？通过判别函数，教育者能够量化组内或组间的学生多样性的本质和差异程度。事实上，我们就可以揭示出"房间里的大象"的特征。这个过程的真正益处在于学生们可以了解多样性的本质。前面讨论过，成为理性冒险者的前提就是能清楚地认识自己以及那些与自己互动并互相产生影响的人。在下一章我将详细地讨论这种意识带来的全部影响。诚然，我们采用的八个用于测量学生多样性的维度并不能代表所有维度。事实上，其中许多维度能够继续细分下去（如国际学生）。然而，这些维度的确能够促使我们深入思考组内及组间学生的多样性是怎样形成的。

表 5-3 函数特征值

函数	特征值	方差百分比	累积百分比	典型相关
1	.946[a]	51.8	51.8	.697
2	.723[a]	39.6	91.4	.648
3	.158[a]	8.6	100.0	.369

注：a. 分析中使用了前三个典型判别函数。

表 5-4 判别函数检验 Wilks' lambda 表达式

函数检验	Wilks' lambda	卡方	自由度	显著性水平
1 对 3	.258	419.161	24	.000
2 对 3	.501	213.364	14	.000
3	.864	45.245	6	.000

组间学生多样性

如果我们集中观察典型判别函数分析中比较突出的四个维度，可以发现表 5-5 中几处具体区别。第一个维度是工作状况。我们可以观察到在 BAA510 小组，80% 的学生每周的工作时间超过 40 小时，而在 BMA787 小组中，这一人数只占小组总人数的 3.7%。造成这种差异的原因可能是这两个研究生小组内国际学生的数量不同，然而这也暗示了学生们用于学习的时间也存在差异。同样，BMA213 小组和 BMA204 小组的国际学生比例问题（两组比例分别为 6.3% 和 67.7%）也值得考虑。这两个本科生小组的成员都是大学二年级的学生。很明显，当学生进入下一个学期的学习时，认为能够预见小组学生动态的想法并不明智。同样，如表 5-5 所示，组间学习方式的选择也可能存在很大差别。

表 5-5　选取的学生多样性的维度

	工作状况		成熟度	学生类型	学习方式
	>40h	不工作	>25	国际学生	听、说
BMA213	6.3%	12.5%	31.3%	6.3%	12.5%
BMA787	3.7%	42.6%	68.5%	85.2%	35.2%
BAA510	80.0%	0.0%	95.0%	0.0%	40.0%
BMA204	4.6%	29.2%	12.3%	67.7%	35.4%

这些数据给教育者带来了明确且重要的启示。首先，尽管某个方法曾经有效，但是我们无法预想下一次是否还会出现同样的情况，更无法预见原来的方法是否仍然适用。事实上，我看到过学生多样性的维度在不同的学期之间发生彻底改变的情况。显然，不同的创业愿望和学习能力（意愿）给取得趋同学习结果带来了难度。现实地讲，想要使相似度低于 50% 的各小组取得相似的学习成果是不可能的。如果想要得到相似的结果就不得不忽略掉学生多样性的问题。

你可能会问自己，我们应该怎样面对学生学习结果的差异？（在今天这个要求质量保证的时代）想要在实际教学中有意识地融入应对无处不在的学生多样性的教法真的让人感到有些棘手。学生取得的成绩往往反映出他们彼此间的差异性，而其差异程度远远超过了我们预期的认知差异。

我认为想在创业教育教学中融入学生多样性的概念，关键就是在可能的情况下对教学过程进行评估，而不只是沿用传统办法对学生学习产生的有形产物（如例子和演示）进行评估。我们将在第九章进一步详细阐述过程评估的概念。现在让我们在组内学生多样性这一条件下来讨论这个问题。

组内学生多样性

坚持对小组内部较低的学生相似度进行观察需要教育者相信多样性也是学习环境的一个组成要素。我使用"相信"这个词的出发点是呼吁教育者积极地利用多样性推动学生学习。在前文我已经讨论过学生反思的价值。现在我们可以拓展这种办法的适用范围，将其应用于元思考。通过这种方式，学生能够观察到自己与同学们在思想、感受和态度方面有多少相同或者不同之处。这个反思的过程就是小组意义建构（group sense making），该过程借鉴了护理学教育的理论。[1]

小组意义建构过程的目的是揭示学生之间隐藏的相似性和差异性。下一步就是使学生对这些相似性或是差异性有所认识并进一步促进学生学习。我们设计这样一个过程，让学生们深入体会自己的个人感受的同时也能体会到班级内部其他人的感受。这个过程共分为四个阶段，由教师负责推进，以情境陈述的方式进行。首先由教师提供一个围绕某一特定问题有争议的话题。这四个阶段具体如下：

第1阶段

学生确认并记录他们对于该情境陈述的个人感受。他们的感受很可能不止一种。对于互相冲突的感受以及（或者）那些随着时间而发生变

---

[1] 小组反思过程能够帮助护理专业毕业生在应对护理病人时可能面临的情感考验，见哈特等（Hart *et al*., 1998）。

化的感受也都应加以记录。学生不仅要记录下假设性和描述性的感受，还要记录他们的真实感受。

第2阶段

现在学生（以小组为单位）通过所有组员的描述来理解情境陈述的背景。学生们运用之前记录下来的个人感受去解读小组成员所报告的集体感受。这种分析方式可能会融入个人信仰、性格、经历和态度。当他人基于小组集体感受进行情境陈述时，学生们可以对之加以仔细推敲并进行总结。

第3阶段

现在每位学生都想通过向其他（外部的）参与者或是同行寻求反馈来验证自己对情况的分析。换言之，对于情境的含义，可以通过引用他人的看法和观点以及（或）通过对自己的个人经历的反思得到确认（或者否定）。

第4阶段

每位学生都要说明反思是如何影响他们的观点以及（或）处理问题的方法的。他们还应记录下所有在价值观、信仰以及（或）态度方面可能发生的变化。下面是学生对目前使用的两种反思性实践形式做出的有代表性的评论。

> 进行反思性学习要特殊强调个人学习经验。这要求学生对自身有更深层次的思考才能了解自己的学习状况，并且要求学生以个人的方式（而非单纯依靠分数）批判地看待已完成的工作和已经取得的研究成果。（学生评论1）

我个人的体会是小组意义建构拓宽了我对这个学科的视野。例如，读过我们组其他成员做的第一阶段的报告之后，我获得了一些新的观点。这些观点或与我的观点不谋而合，或者即使与我的观点不同也有其合理之处。同时，如果我第一阶段的报告能够得到其他组员的响应，我对自己的想法也会更有信心。我认为这些反思也会带给老师一些有价值的启示，使老师理解学生的感受并了解学生是如何感知自己在学习上取得的进步的。（学生评论2）

我得说这些反思性练习使我从不同的角度审视自己的信念和态度。就我个人的学习来说，它使我可以轻松地评判自己的学习方式，发现需要修正的地方。就小组行为而言，它能让我看到其他人对我的行为的看法。（学生评论3）

反思日记既能帮助我在本门课程的学习中发挥自己的优势，也能帮我认清学习中有待提高的地方。这种小组情境陈述益处多多，不仅可以使我们能够彼此协作，有效地表达自己的感受和想法，还能使我们更具创业能力。（学生评论4）

继体验式学习之后，我在小组意识建构的过程中对自己有了更深刻的认识。我认为它对我个人来说非常独到、清晰，对我帮助很大。我想不仅是我可以从中受益，老师也可以更好地了解我的学习结果。如果我没有参与这样的反思性练习，效果一定不会这么好。（学生评论5）

显然，上述评论是学生对于学生多样性带给他们的帮助的认可。而我作为教师能够参与到整个过程中也受益匪浅。给学生提供进行小组意义建构的机会不仅能使学生进行自我反思，还可以使老师和学生共同分享各种各样的观点。简言之，我们可以利用学生群体内部的多样性来提高学生个体的学习结果。这对推动学生发生真正的转变非常重要。问题的关键在于学生们对于多样性的认可程度有多少,以及多样性在学习环境下如何影响学生的发展。然而,对于反思性问题的讨论在国际教育调查中尚未受到重视。

全球背景下的多样性

当我们要求受访者讨论接受创业教育的学生多样性对创业教育的启示时,没有人提到学生反思性活动的重要性。对该启示的看法归结起来有三种。第一,少数人认为学生多样性的存在对创业教育领域的教与学没有意义。这种观点似乎是基于这样一种假设:多样性的问题在任何教学活动中都很常见,因此创业教育领域的教育者不必对此过度关注。第二,有人虽然承认学生多样性的存在,但同时也认为课程的完整性不能为了适应所有学生的特殊需求而改变。比起第一种看法,这个看法更令我感到不安。这就好像那头大象又被推回到教室里最黑暗的角落。为什么要浪费一个能给学习者带来真相并且激发他们求知欲的机会?为什么要浪费我们作为教育者为追寻课堂教学中真正重要的东西而付出的努力?

然而,调查得出的第三种最具主导性的回答使我恢复了信心,受访者相信创业教育的教育者们能够看到探索学生多样性的意义。加拿大世界信息经纪人公司总裁莫妮卡·克罗伊格认为,每个创业者都有自己的特点。因此,作为教育者,我们应该鼓励多样性的存在并提供能适应学生不同需求的学习环境。位于萨瓦纳的佐治亚南方大学的卢克·皮塔威教授提出,我们应该确保提供一系列不同的学习方式,同时课程设置要有明确的目标,还有我们设计课程的时候不要忽略多样性的问题。澳大利亚阿德莱德大学的加里·汉考克也有同感,他认为对学生多样性的探究能够给学生提供互相学习的机会,也从根本上使教育者深入了解创业精神的实质。

在国际教育调查中发现的另一个问题也与学生多样性的特征有关。佐治亚州哥伦布州立大学（Columbus State University）的柯克·赫里奥特（Kirk Heriot）博士慎重地提出，我们不能忽略学生可能做的是全日制工作或每周工作时间超过30小时这样的事实。尤其是如果他们工作的同时每周还要上三到四门课，这将给学习带来很大的干扰。前文讨论过的学生相似度指数解释了这种差异，因此我们认为应该帮助教育者和学习者了解学生的差异性问题。显然只承认学生多样性的存在是远远不够的。在这里我解释一下美国生态学家保罗·西尔斯（Paul Sears）[1]的建议，当教师进入一个学习环境时，他(她)所看到的应该不只是那里有什么，还应该看到那里在发生着什么。也就是说，我们应该收集与学生相关的数据，解读学生在各种学习环境中互动的方式。我用"各种"这个词是因为我们不应该想当然地认为在学生眼中他们所处的学习环境都是一样的。这是学生多样性的本质，即多样性作为一种条件直接关系到学生个体在学习过程中的不同感受。因此，我们要迎接学生多样性带来的挑战。

让大象成为你的朋友

事实上，如果你非常想要改善学生的学习结果，学生多样性是一个你必须面对的问题。如果你承认自己无法充分满足学生群体中学生个体的需求，那么你就必须对这个问题多加探求。再次重申，我强调的不仅是要适应多样性的问题，而是要把这个问题展示出来。让我们思考几个问题，它们可能会对找到一条探究解决多样性问题的成功之路有所帮助。

---

[1] 参见西尔斯（Sears, 1980）。

第一个要应对的问题是你对学生多样性的了解和理解。你认为在自己的教学环境中你对这个问题的研究达到了何种程度？为适应不同的学习风格和学习模式，你在教学过程中做了什么程度的调整？很明显，这个讨论的关键是我们在观察学生时要灵活一些。这可以开拓一个全新的领域，帮助学生实现更深层次的学习。

第二个问题是你的选择是否会有利于学生在学习中取得进步。一位著名的澳大利亚足球教练[①]曾经说过，一根香肠，你可以拿来煎、烘烤，还可以炙烤，但最终它仍然还是一根香肠。我们可以把这段话的逻辑性借鉴过来为我们的理论所用。在进行某一科目的学习时，我们的学生可以选择许多不同的学习方式，但最终都是为了完成该科目的学习。这听起来似乎有些不切实际？一直以来我都允许学生自由选择他们喜欢的方式完成作业。一个学生可能喜欢交纸质的作业，另一个学生可能喜欢用电子邮件的形式交作业，或者有的学生交的是音频作业，有的是与老师面对面的交流，有的选择电话交谈的形式，还有的学生选择进行现场展示。这里我关注的问题不是哪种方式最合适，而是他们对于所需的学习结果可以做出什么样的展示。在我的课堂里，我会重视学生对某个过程的理解或完成这一过程的能力。我并不那么在意学生展示学习结果的形式，我更在意的是他们展示的内容。

第三个问题是你的房间里是否有会说话的大象。我们不要掩盖实际存在的问题。我提倡在每学期的第一节课为学生进行相似度指数测试。了解多样性存在的程度对老师和学生都十分重要。当学习创业教育的学生了解到自己的学习方式、志向以及生活环境都属于学习环境的一部分时，他们会摆脱对自己是否符合标准的担忧。考虑到自己的生活环境，他们可以释放自己，自由地选择能帮助他们取得最大进步的学习方式。

---

① 艾伦·琼斯（Allan Jeans），在1981—1987和1989—1990赛季任霍桑足球队教练。

第四个问题与教师有关。一个环境中显现出来的多样性往往会导致学生学习结果的不同。你是否愿意信任自己,让自己尝试在某个具有多样性特征的环境中教学?在这个环境里,虽然教师会希望所有的学生都能得到相似的学习结果,但学生个体的选择往往更为重要。这个问题就再一次回到对话关系的本质上。

概括地说,本章阐述了如何识别并测量学生多样性,然后利用多样性特征改善学习创业教育学生个体(集体)的学习结果。我提议,通过思维的修正使学生能够真正地在创业教育这片充满挑战性的海洋中勇敢前行。

第六章　学习环境

在第五章中，我们思考了学习环境中自然产生的学生多样性的本质及其价值。现在让我们仔细研究学习环境的动态，特别要考虑促使学习活动发生的互动要素。过去五年里我一直在思考这个问题。[①]关于第一次面对各种不同的反应，[②]我思考了这样一个问题：学生到底能在多大程度上共同建构他们自己的学习环境？在本章中，我将重新回顾这些想法的重要性，也请读者仔细思考，在你的学习环境中有哪些因素可以相互作用并决定学习结果。

这样做，你面临的挑战是思考时间和空间这样的抽象概念。设想你不再是学习环境中唯一的创造者，你的学生也有可能在其中扮演共创者的角色。我认为这真正地采用了以学习者为中心教学方法。这种教学方法与学生学习相一致。它的发展与师生共建的学习环境是同步的。尝试这种抽象的讨论是有一些特殊条件的。

---

① 参见琼斯（Jones, 2006b）。
② 我收到了三份评论。一位评论者说："尽管这可能关系到教育领域的重要问题，这篇文章背后的文献和理论对教育家来说似乎很奇怪。"另一位评论者说："这个评论极富洞察力和创造性，借鉴了比格斯（2003）的建构性协同理论，是对以学习者为中心方法的再阐释。在引用了列万廷的进化论思想后，它给这个广为人知的理论框架带来了广义的系统观（systems perspective），并对高校教师和研究人员、课程设计者、科研人员都非常有帮助。特别是，它认为在真正的以学习者为中心的环境中，学生参与了对所在学习环境的建构。有人可能认为这篇文章有争议，但这恰恰为学术论争做出了贡献。"最后一位评论者说："在我读过的20世纪60年代以来的所有文献中，作为对形成性反馈的回应，借用生态位构建理论讨论成人学习是最机械的，是简化论者和行为主义者的解释。这种讨论似乎与当前对于复杂性的理解格格不入。"

基本原则

首先，本章将采用一个详实的、循序渐进的方式，突出强调因果过程以及发生在学生身上和学习环境中的变化的本质。其次，之前论述过，[①]如果想让学生进行更深层次的学习，那么与学习目的、学习活动和成绩评估相关的所有过程都必须相互匹配。重要的是，较之传统的常模参照评量（norm-referenced assessment），这个建构性协同过程更应该采用标准参照评量（criterion-referenced assessment）。[②]再次，接受了前两个条件意味着学生在学习过程中扮演了一个附加角色。这个角色见证了学生群体划分标准的转变。以前我们按照时间，但不一定是过程，来划分学生群体；现在的学生群体则按照时间以及过程来划分。要归纳出这个问题的本质和特性，让我们用下面的三段论把我们的关注点分离出来：

以学习者为中心并融入标准评估的教学法将会改善学生的学习结果。

与设定明确的课程目标相比，反复进行标准评估更能使学生及时了解自己的学习成绩，由此可以为学生个体或群体在一段时间内取得进步提供指导，因此……

每隔一段时间，学生群体内部和群体间的学习成绩会有所提高，学生和学习环境之间会有动态性变化。为此，我们需要对学习目的、学习活动和评估步骤进行持续性调整。

因此，本章将继续讨论与上述三段论相关的几个前提条件。第一，

[①] 参见比格斯（Biggs, 2003）。
[②] 关于标准参照评量可以这样理解，它不是要在学生之间进行横向比较，而是将学生个体与之前决定的学习目标进行比较。

以学习者为中心的教学方法给学生提供了更大的自由，这将给学生与学习环境之间进行互动带来可能性。第二，作为教育者，我们必须接受这样一个事实，即在尚未了解这种互动之前，我们无法创建一个完美的学习环境。第三，由前两个条件得出的结论是，课程设计的过程很可能没有明确的起点和终点（当然也没有这种必要）。认同这个结论对我们来说非常有帮助。

考虑到日常生活中显现的遗传和社会变化的过程，上述想法似乎合乎逻辑。① 即便如此，认为教师是唯一的课程设计者和教授者的传统观念还是受到了挑战。事实上，这也是本章要论证的核心问题。有人认为，在反复进行标准参照评量的情况下，建构性协同的过程可能受到学生在群体内部或群体间的进步的影响。所受的影响到底是积极的还是消极的取决于我们赋予学生的角色。有这样一个基本假设：每个学生群体从一个年级升入下一个年级的时候总会经历一个相似的起点并且受（相对）一致、有延续性的学习体验的影响。我们的讨论与这个假设相背离。让我跟大家分享我对学生的观察，并且描绘他们在参与创造学习环境过程中扮演的角色。

塔斯马尼亚大学的学习环境

塔斯马尼亚大学于 2002 年开设了创业教育课程。在那段时间里，我认为创业教育给学生提供了一种非完全传统意义上（在塔斯马尼亚大学学习环境下）的学习方式。我们在第一章中讨论过以学习者为中心的教学方法，该方法自 2002 年以来已经有了重大发展，因为我们通过经常举行教师（学生）讨论会共同制订课程计划。这是一种为满足创业教育需

---

① 了解更多关于社会变化本质的讨论，参见维布伦（Veblen, 1925）。

求而特别设计的以学习者为中心的教学方法。[1]

总的来说,我们鼓励学生随时随地学习,[2]并允许学生对应该掌握的知识有不同的理解。学习过程中的决定性因素是,学生们要对每两周一次的研讨会上布置的学习任务进行多角度、不间断的反思。前面说过,我们不断地研讨和完善学习活动,目的就是加快"(学生)行为模式的改变进程……更广义的行为包括思维、情感以及外显的行为"。[3]再次强调,这个过程有两个特别目的:一是帮助学生在毕业后能成为合格的创业者,二是(更广义地)帮助他们培养理性冒险者所需具备的特质。

学生在探索、阐释并且完成他们的学习任务时已经有了更多的自由。学生与学习环境之间的相互作用以及他们提交的作业(如例子和演示)对随后的课程完善产生了很大的影响。下一节我将引入一个演化模型(见图 6-1),在总结这个模型给我们带来的启示之前,我们先来解释该图体现的学习环境对学生产生的影响。很遗憾,并非所有的伟大思想都能用简单易懂的图解表示出来。图 6-1 展示的思想理解起来确实有难度。

生态位构建

图 6-1 展示的过程借鉴了奥德林-斯米(Odling-Smee)、莱兰(Laland)和费尔德曼(Feldman)的生态位构建理论(niche construction)。[4]他们的理论突出强调了生态构建的过程中某些被忽视的因素,这赋予了列万廷[5](Lewontin)理论以新的生命力。传统理论认为生物有机体用(预定的)对策来应对生存环境中可能遇到的问题,而环境则根据这些对策对

---

[1] 吉布(Gibb, 2002)认为,我们必须把学习的责任转移到学习者身上。
[2] 参见怀特海(Whitehead, 1929)。
[3] 参见泰勒(Tyler, 1949: 5—6)。
[4] 了解更多他们对达尔文本人曾经提出但一直被忽略的概念的精彩解析,参见奥德林-斯米、莱兰和费尔德曼(Odling-Smee, Laland and Feldman, 2003)。
[5] 参见列万廷(Lewontin, 1983)。

生物有益还是有害来相应地对其做出奖励或惩罚。但是列万廷认为，任何对适应性变化的解释，都必须考虑到生物有机体繁殖机制及其与生境（environment）之间的相互作用关系。他认为，生物体决定这种生物有机体与生境相互作用关系，生物有机体会改变外部生境，同时也从外部环境中接受信号。本质上讲，与其说生物有机体是自然选择的接收端，不如说它既是生物有机体与生境相互作用关系的参与者，也是这种关系的产物。

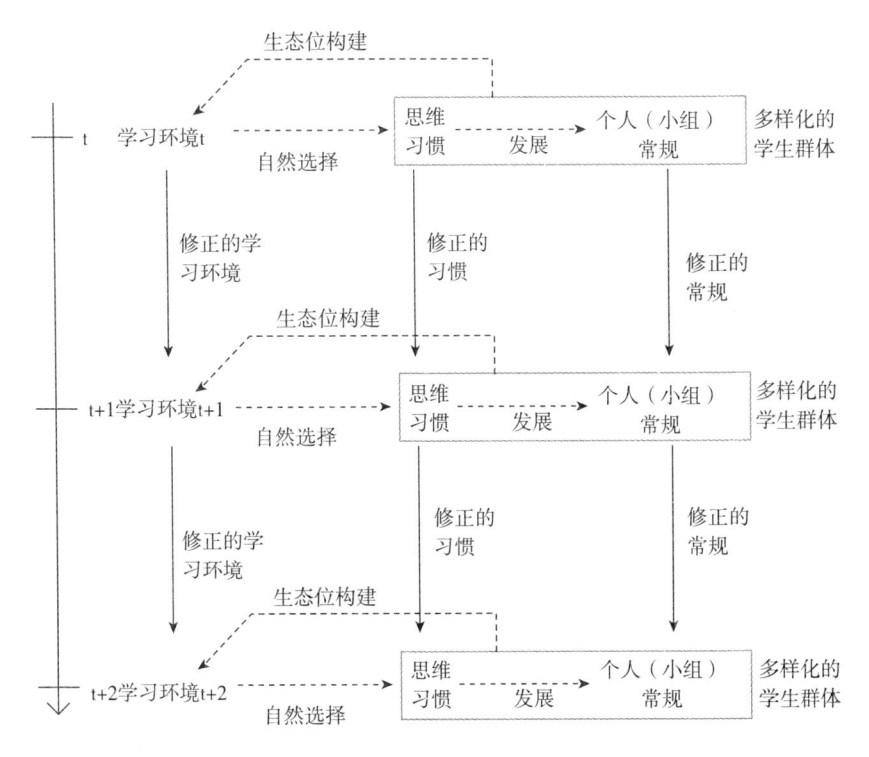

图 6-1　拟建的生态位构建的因果关系路径

按照这个思路，奥德林-斯米、莱兰和费尔德曼又一次对"生物体能够适应环境，而环境不能适应生物体"这一传统观点提出了质疑。让我们思考这个观点对教育的启示。传统观点可能认为，学生在特定学习环境中的互动会表现出具体的（学习）特征，因此依照评估程序，学生会被分成不同的类别。进一步讲，虽然一部分学生在该过程中得到了提高，但是学习环境的结构却没有因为这样的互动发生根本性的改变。这种情况在以教师为中心并采用常模参照评量的教学过程中出现的可能性非常大。但这并不是我们在这里所要讨论的事情，我们还是先回到图6-1。

在图6-1中，我们假设学生与学习环境的互动既能改变学生的内在特征（即思维习惯），也能改变他们的外在特征（即表型表现，phenotypic expression）。在学习环境中，学生同时扮演了学生个体和小组成员两种角色。该过程就从学生的两种身份之间的相互作用开始。每个学生和他（她）的小组参与到各种各样的学习活动当中，这些活动将会得到基于总结性和形成性反馈的评估。我们会对学生个体及其所在小组演示的常规适合度进行评估。这样的过程体现了表型表现的生成机制（如学生或小组演示的内容和情境以及展示出的相关形象）。

因此，每个学生的思维习惯[1]都受到他们对个人或小组表型表现所做贡献的差异选择（支持或反对）的影响。接下来，通过自由度与反思的结合，小组（学生个体）的行为可能会因为集体或个体思维习惯的转变而发生改变。小组或个体的改变得益于两种信息，即总结性信息（分数）和形成性信息。后者与该小组（个体）的积极或消极表现有关。因此，正是这些多种多样的评估形式起到了选择机制的作用。如果没有具体的选择形式，这种持续的进步过程是无法实现的。

进行总结性和形成性评估有两个重要的功能。首先，对某个特定时间的多种评判标准而言，总结性反馈可以适时地指出小组（个体）表现的直接适合度。其次，形成性反馈可以提供反馈信息。通过这些反馈，

---

[1] 参见维布伦（Veblen, 1925）。

未来就有发生变化的可能。约翰·比格斯[1]认为"两者之间的不同之处在于会在某一时刻做出最终判断"。另外一个影响互动要素构成的因素是小组的内部感知。这些感知可能会发生变化,随之产生许多不同的结果。

因此,通过该过程可能产生三种承继形式。第一,当学生确定什么样的心理能力最能促使他们进步时,他们的思维习惯(源于其生活习惯)会得到修正。经过改变了的思维习惯会经由学生的个体行为或他们对小组做出的贡献,进入到下一个学习环境(即由学习环境 t 进入学习环境 t+1)。第二,经过修正的小组表型表现(被视为是有利的)和发生了变化的小组思维习惯也可以经由小组活动从一个学习环境进入到下一个学习环境(即由学习环境 t 进入学习环境 t+1)。第三,同时也是我最感兴趣的,学生个体行为和小组行为可能会改变未来学习环境与所有接受评估的实体之间相互作用的本质。因此,我认为生态位构建理论提供了一个过程。在这个过程中,学生从时空上改变着学习环境,并且(或者)至少对他们所处的学习环境施加了一定的压力。

我在自己的教学过程中已经意识到,学生始终是不断变化的学习环境的共同建构者。简言之,变化的个体感知决定了学习环境的改变。这种个体感知会影响到组间或组内同伴评价的过程。对于如何完成标准参照评量过程中包含的学习目标,小组(作为整体)似乎也在改变自己的感知。这样,对学习环境中同时作用于学生个体和小组的(自然)选择的过程也发生着变化。结果是,在对自己及小组的思维模式做出有益的改变的同时,学生沉浸于一场斗争中,好奇心驱使他们找到办法解决学习环境中出现的问题。他们找到的办法中有很多给学习活动带来了压力。这种压力反过来又会影响到用以培养学生能力的学习活动的结构。这样,由于学生们对学习环境的基本要素起到了直接的和间接的影响,他们也

---

[1] 参见比格斯(Biggs, 2003: 142)。

有能力承继改变后的学习环境。

思考以学生为驱动力的变化

上面的讨论向所有人发起了挑战，我们要协调自己作为学习环境主要组织者的角色。仔细思考不断变化的学习环境是件令人激动的事情。因为这样的环境既对学生提出了要求，也会随着学生的需要和行为发生改变。然而，思考这一过程需要付出代价。从逻辑上讲，该过程给获得包括学习目的、学习活动和评估程序在内的建构性协同带来压力。让我们多花一点时间进一步研究这个问题。

首先，我们可能遇到生态位构建和建构性协同这两个互相矛盾的过程。然而，我认为这并不存在明显的矛盾。一个过程使系统不断地向稳定性平衡（即建构性协同）转变，另一个过程使系统不断地向动态性平衡转变（即生态位构建）。尽管两者有潜在的兼容性，但事实上还存在暂时的不一致性。维布伦曾提出，[①]"惯例是过去的过程的产物，适应于过去的情况，因此不会与现在的要求完全一致"。我认为这种暂时的不一致性会一直存在，因为当我们鼓励学生随时随地学习时，学生会不断调整内部关系（思维习惯）以适应外部关系（学习环境）。

我们可以借助图6-2简要地说明这个过程。建构性协同表明，学习结果的改善直接影响到促进了学生学习的学习活动的本质。进一步讲，这些学习活动反过来也会影响评估学生学习结果的过程。当学习结果、学习活动和评估过程趋向同步时，一个过程就会过渡到下一过程。然而，这个过程并没有明确地为学生设置合适的角色。在图6-2中，学生思维习惯的改变会给学习活动和评估过程都带来压力。同样，该图也体

---

① 参见维布伦（Veblen, 1925: 191）。

现了学习活动和评估过程之间的中介过程。整个过程的迭代性（iterative nature）打破了三个要素之间简单的线性关系。我认为这些关系更好地表现了各要素之间实际的交互作用。

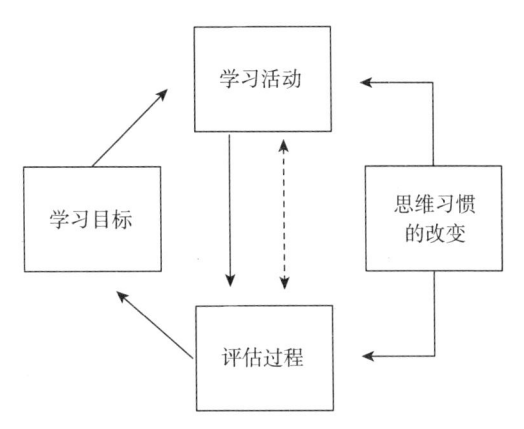

图 6-2　生态位构建和建构性协同的结合

我在运用以学习者为中心的教学方法并采用标准化评估时，出现了另一个有用的过程。之前①我曾经解释过在小组演示中出现的竞争性自夸（competitive bragging）现象。各小组用这种方式展现自己的想法和行为供其他小组讨论。当不同的创意和技术（如使用多媒体或社会媒体）出现时，被感知的优点通过模仿（反复尝试）在小组之间传递，从而使情况向最好的预期方向发展。当学生在学习环境中进行尝试和模仿时，复制和创新的创业过程会迅速发展。因为学生把评价作为一个有价值的指导工具，所以其他同学的现场观摩会激发他们的斗志。有趣的是，我偶尔会引入一些按照常模参照评量设计的评估程序（或者参照学生相对于学生、小组相对于小组的对比做出判断）。很快这种做法就导致学生做出某些行为。我们也许可以美其名曰"竞争手段"。令人难过的是，怀疑

---

① 参见琼斯（Jones, 2006b）。

的态度取代了钦佩之情，开放性为隐秘性让路，公平的同伴评估也由于学生不良的竞争手段变得不再公平。

看到课堂行为发生这么剧烈的变化，我意识到教师的角色有多么重要。当我们在学习环境中探究某种前进演化（progressive form）时，无论学生犯了多少错误，确保他们能够得到我的支持和指导是至关重要的。克鲁泡特金（Kropotkin）[①]提出，前进演化过程并非是适者生存的选择，而是相互帮助的结果。他的思想具有生命力并捕捉到了一种精神，这种精神驱使我和学生在共享的学习环境中改良了选择效力。

总之，我相信学生能够在其所处的学习环境中扮演共建者的角色。前进演化过程可以解释学生的进步。从这个角度看，正是学生思维习惯的改变提高了他们在学习环境中取得成功的能力。在这个过程中，我们假定学生有能力挑战他们自己"对于知识的性质、限制和确定性的假设"。[②]显然，在此我们假设学生有能力建构学习体验的意义。因此，在研讨会上及会后进行的反思活动会引起我们对认知与行动的关系的注意。[③]其结果给所有与学习环境相关的因素带来向上的（正）压力。这种压力在短期内似乎会威胁到以建构性协同为基础的课程建设。

然而，演化过程从不会那么简单，它没有起点也没有终点。的确，过去一些与演化和学习[④]相关的研究工作证明，教师和学生所要面对的任务非常艰巨，就像要在大海里捞针一样。我们并没有十足的把握进行研究，只能靠黑暗中传来的声音引导我们前进。对学生来说，这个声音是经常进行的形成性和总结性反馈。对我来说，这个声音来自于学生对

[①] 要获得对演化过程的另一种解释，即合作巩固加强了特定实体的前进演化，参见克鲁泡特金（Kropotkin, 1902）。

[②] 参见巴克斯特－马格达（Baxter-Magolda, 2004: 16）。

[③] 参见金和基奇纳（King and Kitchener, 1994）。

[④] 搜索过程对于演化过程虽然不够严密但非常重要，详细讨论见欣顿和诺兰（Hinton and Nowlan, 1987）。

学习环境的方方面面的反馈。令人失望的是，国际教育者调查几乎没有关注过学生作为学习环境共建者的问题。

给教育者的启示

随着学习环境改变出现的学生培养问题在国际教育者调查中鲜有提及。然而，有几位教育者提到了这个方兴未艾的讨论。英国林肯大学（Lincoln University）的特德·富勒（Ted Fuller）教授提出，我们应该把发展学习环境的任务交给学生。贝尔法斯特皇后大学（Queens University）的戴维·吉布森（David Gibson）也提到教育既要适应学生的需求，也要随之发展。埃及英国大学的戴维·柯比教授发现不断变化的学习环境为创业教育的教育者提供了内在机会。他提出，我们应该鼓励学生发现自我、提出问题、创造性地解决问题以及积极主动地学习等。换句话说，我们有机会把遇到的困难转化成对所有相关者有利的因素。

加拿大世界信息经纪人公司总裁莫妮卡·克罗伊格认为我们应该欢迎这种变化，并利用这个机会向学生说明如何适应变化。她也认为这是创业者面对的现实，并且我们能够证实创业者有能力做出改变。开放大学（Open University）的科林·格雷（Colin Gray）教授认为，我们的目标是以这种方式前行的同时，也应该使学生们有所改变。英国斯旺西城市大学（Swansea Metropolitan University）的安迪·佩纳卢纳（Andy Penaluna）坚持认为我们作为教育者面临的挑战是想办法控制这种改变的渐进性特质，使学生们能够观察并且理解它。他和他的同事[①]最近做的研究证明了这种变化的真实存在。他们提出，学习过程中总会有灵光

---

① 对评估过程和创造力与学习的理解的讨论，详见佩纳卢纳，科茨和佩纳卢纳（Penaluna, Coates and Penaluna, 2010）。

一现的时刻，并非所有的学习（变化）都会逐步发生。很明显，上述观点要求我们把自己想象成动态课堂（classroom dynamics）中的学生。作为教师，我们需要注意到学生个体内部和学生个体之间发生的变化，并且收集能够证明这种变化发生的证据。对我个人而言，就像在前一章中阐释的，我让学生进行反思时自己也参与到整个过程中。这是我给自己设计的一个积极介入学生学习活动中的办法。我们还把课堂讨论作为一种非正式的形成性反馈，我和学生们可以从中了解课堂教学的状况。从本质上说，如果不能解释这种介入的有效性，我们就没有资格要求参与有变革潜力的教学。维布伦[①]曾说过：

> 如果一个社会的任何部分或阶级在任何重要的方面躲避了环境的作用，那么这个部分或阶级在适应已发生变化的总体形势时，行动将会相当缓慢，当然也会减缓社会变革的进程。

显然我们有责任确保自己和学生认识到课堂中环境行动（environmental action）的本质。如果不这样做，我们的学生就无法获得改变他们生活习惯的能力，同样也无法自我调整、适应今天不断变化的需求。在这里，问题的关键是调整过程并不是偶然发生的。教育者和学生对相互作用的理解程度为产生有益的变化提供了基础。因为这个问题可能与大家有关，现在让我们思考一下。

对学习环境的思考

生态位构建过程在学习环境中是如何体现的？评估学习环境是一个

---

① 参见维布伦（Veblen, 1925: 193）。

现实的出发点。评估经常进行吗？评估包括了形成性和总结性两种要素吗？我们是否运用了标准参照评量并且鼓励所有学生面对学习结果继续努力争取成功呢？同伴评价是否客观有效？你的回答肯定程度越高，表明你工作的评估环境与我的越相似。反之，则表明你在推动学生成为学习环境共建者时遇到了困难。

作为一种选择形式，评估即时地帮助我们判断哪种做法更行之有效。对学生行为的评估越频繁，他们改变自己生活习惯的机会越多。例如，我在每两周一次的研讨会上对学生进行评估。他们根据得到的总结性和形成性反馈制订下一阶段的计划。在这方面，评估活动对学生在两次研讨会之间发生的转变起到了至关重要的作用。教师的介入并不是最重要的，真正起作用的是学生的反思。学生的精神食粮来自于定期进行的总结性和形成性反馈。如果没有定期的反馈，学生就无法适应下一个挑战带来的新要求。

然而，反馈对于教育者来说也非常重要。你多久会收到学生做出的定期的、诚实的、坦率的反馈？每学期超过一次或两次吗？没有学生提供的反馈，我们就只能猜测他们的需求。在过去几年里，我经常在研讨会后给学生发小纸条要求他们填写。在学生感知参与度方面，我要求他们给我对研讨会的促进价值打分，分值范围从零到一百。我还要求学生简要阐述他们的评分理由。这样我可以不断收到重要的信息，了解什么可行什么不可行。当我努力试图满足学生的真实需求时，我也可以衡量我在整个学期里取得的进步。最重要的是，我们在学习契约（contract to learn）中成了搭档，这个契约使我们彼此互相理解和互相原谅。这些活动可能会促使课堂教学产生变化，使我们清醒地意识到自己身处课堂中的真正意义，更多地自我反思。改变的过程不应该是悄无声息、隐而不见的。它应该得到高度重视，并被运用到改善学习结果的实践中。

简言之，支持生态位构建过程的方法之一就是定期收集正式的和非正式的信息反馈。这个过程既是一种号召，也是一种手段。它可以证明学生作为变化驱动者的合法性，同时确定了研究中的新思维习惯形成的合法性。一个简单的推进方法是向学生了解，要想改善他们的学习结果，学习环境中的哪些方面应该被保留、增加和（或）移除。该过程可能提供大量有深度、有见解的评论，这可以为修正并改善学习环境提供更加准确的指导。

为什么我们一定要如此深入地研究这个问题并与学生并肩作战？我们真的有足够的能力满足学生在学习过程中提出的要求吗？我认为接受创业教育的学生最大的收获就是建立多种信心。这些信心包括对自己的信心，对自己所掌握的技能的信心，对自己与同学进行互动的能力的信心，对自己想法的信心，还包括交流彼此梦想和希望的能力的信心，超越自己能力去感知世界的变化的信心，以及改变这个世界的信心。正是基于这些原因，我们应该在学习过程中成为搭档。学校外的世界将会检验从我们这里走出去的每一位毕业生所具备的自信心。我们应该在学生学习期间尽可能多地提供机会培养和检验学生信心的复原力，而不要让他们在毕业后独自面对种种问题。在此我们尚未论述如何培养和检验学生信心的问题，这些问题有待以后详细讨论。

当我们努力帮助学生挖掘自身潜在的信心和乐观精神时，是否也能让他们为生活中会面临的失败做好充分准备？学生的学习达到什么程度才能使他们能够应付那些潜在的沮丧和孤独感，或者能够基本理解创业过程中的黑暗面？我们应该帮助学生意识到，他们会因自己试图改变社会及（或）在成为企业管理者时面临挑战。接下来我们要讨论的问题与帮助学生建立信心的资源基础有关。

第七章　资源配置

　　接受创业教育的学生一夜间创业成功的故事似乎不停地在我们身边上演。学生的创业传奇看上去与他们接受的高等教育有直接关系。这些故事使毕业生因机会减少而引起的悲观情绪一扫而光，人们又看到了希望。但这个希望是真的吗？我认为大体上不是这样的。毕业生拥有潜力，能在毕业后（或毕业前）就进行创业活动。对此我们需要谦逊一些，丢掉那些关于创业教育所扮演的角色和其重要性的浪漫想法，我们还需更加切实地关注创业教育的潜在价值。否则，就等于给师生们打造了一个永远无法企及的"神话"。

　　这听起来有些消极吗？可以统计一下，你的学生当中有多少人在毕业时能够成为可以保障自己实际生活（或理想生活）的创业者？我们确实有一些成功创业的学生，可我们能保证说，如果他们在大学期间没有接受创业教育就不能成功创业吗？第三章曾指出，大学生当下的实际创业率和创业教育的本质是我们要面对的现实。本章我会陈述我的观点，即作为教育者，我们总会过度强调创业的商业背景，这让人头疼。虽然我们无法保证每一位接受创业教育的学生都成为创业者，但我们应该保证他们每个人都有机会培养自己的创业技能，让他们体验创业过程。为做进一步讨论，我们有必要阐述资源配置的概念，并在一系列情境中论述其重要性。

学生资源配置

　　有创业想法的学生更要直面现实。他们取得的中远期结果将会与其他创业者一样，会因为某种相似的原因获得成功，也会因相似的原因而失败，意识到这个事实很重要，否则我们会给学生带来虚幻的希望。当学生直面现实世界时，他们要像其他创业者一样，能在顺境中奋勇前行，更能在逆境中逆流而上。

对我们而言，最大的挑战是让他们了解游戏规则，抓住进退时机。要理解这一层含义，学生不仅需要知道自己拥有何种能力与资源，还要学会在面对机遇时如何评估这些能力和资源的应用潜力。我认为，在创业机会面前，我们可以通过强调资源配置的价值提高学生的创业能力。这就好比人体骨架，依靠骨架我们可以构建身体形态，让肌肉协调工作。可是如果我们不会使用X光检查身体，又怎能知道身体各部如何相连，各司其职呢？提高对自己资源掌握状况的认识，就好比用X光检查身体。面对一个好点子，我们要审核自己的创业能力，还要了解现有的结构和系统。有了这些，我们才能尝试创业。

人们普遍认为，个人或团队面对任何一个机会时都将掌握相关的资源。①资源配置一般包括人力资本、金融资本和社会资本。我认为，我们所了解的信息、认识的人以及我们获取和掌控关键资源的能力，有助于解释我们成功创业的潜质。但你有没有注意到，在这个逻辑中有一处致命的缺陷呢？要知道学生追求的机遇是脱离不开现实的。与其他经验丰富的创业者相比，学生手中掌握的资源显得相形见绌。这就要求教育者开诚布公地指导学生何时以及如何抓住机会创业。

有人认为，学生经验不足，不能把握好创业时机。事实却恰恰相反，我们的学生需要尽可能多地接触创业活动。我先谈谈我在这方面的思考。学生先在头脑中构思出一个创意，然后按照这个创意制订创业计划。如

---

① 想要了解创业者资源配置的要素和价值，参见奥尔德里奇和马丁内斯（Aldrich and Martinez, 2001）。

果这个创意只来自于一个人的生活想象，那么他拥有的资源就很难发挥作用，这个创意可能根本无法实现。需要特别指出的是，即使一个学生有丰富的资源支撑某个创意，他也许没有充足的资源去支撑另一个创意。我认为，资源配置要发挥作用关键取决于创意，而人的因素次之。所以，如果我们让学生追求一个他们并没有充足资源储备的目标，结果可能就是失败的。从本质上来讲，让学生把精力放在不切实际的创意上是对学习机会的浪费。

然而，事情并没有想象的那么糟糕，这种情况给教育者创造了无数的机会。实际上，它为我的4Cs营销理论提供了动力，因为学生在每个学习单元里都必须构想新的价值，然后创造它、获取它。最重要的是，他们必须对自己为此付出的努力进行批判。我们可以拓展出三种不同的方式帮助学生建立自己的资源配置。接下来，让我们逐一分析每种方式。

资源配置升级

创业活动并非单独存在，它们产生于一定社会背景下。了解社会和人力资本的本质，了解这种本质的形成以及它如何用于促进创业活动十分关键。我们要让学生体会到社会或人力资本并非刻意培养的，这一点很重要。我们应该花些时间好好思考这种情况：如果事先不知道自己将从事何种创业活动，你也不会预先知道什么人或者什么样的信息会对你有帮助。因此，社会和人力资本就是潜在资产（latent assets）。对创业者来说，他们有能力把散落的资源整合起来。那么，我们怎样才能帮助他们进行资源整合？

4Cs营销理论要求学生以行动导向为指导，思考并尝试创业实践。在第一阶段，学生需要构思一个新的价值形态。虽然有些学生能够使自己的想法和创意与自己拥有的社会人力资本相匹配，但大部分学生还做不到这一点。这个过程的难点就在于，如何不去刻意评判学生的创意与其拥有的资源配置之间的适配程度,而使他们的创意能够站得住脚。有了创意之后,学生必须仔细思考创造或获取这个预期价值所需的具体条件。他们需要向谁寻求帮助以获取所需的技术知识?他们又需要了解什么才能实际操作自己设想的商业模式?

回答这些问题需要一系列的联系沟通、知识形式和技能,这些东西贯穿创意和创业实践的始终。这些资源可以在课堂上及时共享。通过这种分享,学生的资源配置到底可以升级到什么程度?他们(或我)认识什么人可以帮助其他学生的资源配置提升价值?很明显,在这个过程中,假设学生生活在未来的某个时间,学生拥有的相关资源的现实状况和他们的创意之间还有相当的差距。其他学生可能会发现这一点,并施以援手扩充这些学生原有的资源。

资源配置缩减

资源升级的过程受实际的协同因素限制。协同因素可能妨碍资源状况向更好的方向发展。虽然我们知道哪些人可能为今后的集体资源配置提升价值,但是这些人可能不会有实际的投入。因此,虽然资源升级的方法可能有用,但在现实中可能也只是理论学习的工具。另外一种办法就是缩减资源配置。在现实世界中,资源配置缩减是可行的,这个方法同样也运用了 4Cs 营销理论中的全部四个阶段。我们让学生进行一些实践活动,让学生们体验一些比较小的、容易应对的挑战。在活动中,学生可以多次完成构思、创造、获取和评价的循环过程。让我们看看下面的例子。

学生们被编成 6—8 人的小组经营饭店。他们不需要开新店,只需直接经营一家现有的饭店。显然,这在过程上降低了不少风险,但是他们还得构想一个最终能够创造和获得的价值类型。为了规划自己的发展,最成功的小组往往会先退后一步,检查其组员共同拥有的潜在资源。我强调"潜在"二字,是因为在创意转变为现实之前,所谓资源也只能是潜在的而已。确定了要认识哪些人，能获得什么样的专业知识以及资源之后，该小组到底要进行何种经营的各种创意才能最终成型。

让我们再简要看看几个不太成功的小组的经营过程。他们更容易被表面有吸引力的概念和主题冲昏头脑，而这些概念和主题却尚未有明确的市场目标。他们的努力更容易受潜在的共有资源之外的事情干扰。有人说过，创业者是实干的梦想家。[1]但是我想说，在梦想和行动两个阶段之间有些东西非常重要。只有梦想是不够的，学生们还需要有把梦想变成现实的能力。只有那些围绕自己实际拥有的集体资源开拓梦想的学生，才能为获得他们构想的价值打下坚实的基础。而那些没有这样做的人只能更多地指望幸运。

在上述过程中，学生们自主创业，试图创造和获取新的价值。这个过程是真实的。它既不是舞台上的表演，也不是单纯的理论。学生可能获得利润，也可能遭受经济损失。在每两周一次的研讨会上，各个小组分享各自的计划，也收到彼此的鼓励和反馈。因此，开始的时候，他们可能会遭遇失败，但不久之后他们就可能收复失地。组员们可以慢慢地享受这段时光。他们会为突如其来的好运感到惊讶，也会因挫折而感到沮丧。但最重要的是，在自己的餐馆工作，不论餐厅里是宾客满盈还是空无一人，他们都要对自己的规划负责。

毋庸置疑，这个过程是为学生量身定制的，用来测试学生的适应能力，检测他们的承诺、耐心和对彼此的欣赏，以及他们对于成功和失败的理解。他们比较自己拥有的潜在资源和现实中真正用到的资源，根据得出的结果来审视自己，从而评判自己的成功与失败。那些了解并能利用潜在资源的小组总是比其他小组的表现好许多。他们表现出了获取支持者和以较低的或零成本获取资源的能力。他们利用自己的社会触觉理解和占领

---

[1] 参见斯米勒（Smilor, 1997）。

特定类型的目标市场。他们从营业之初就赚取了利润。但令我满意的是，这两种类型的小组都能够在体验中学习。至于盈利及（或）亏损的原因，他们可以从每次实践活动的结果中总结。再次说明，学生通过过程的内化完成个人层面的学习，而正是反思活动的价值提升了学生学习的本质。接下来让我们思考第三种帮助学生建立资源配置的方法。

资源适配

如果某个学生决心要创业，或者某一门课程设置要求学生必须完成一个创业计划才能结业，那会怎样呢？在这两种情况下，潜在的资源配置都非常重要。我认为无论在哪种情况下，我们都应该鼓励学生把拥有的资源与某种特定类型的创业机会相匹配。学生需要了解自己热衷的事情以外的东西，这很重要。他们还需知道针对某个特定的计划应该去结识哪些人，想要成功地跟进某个创意需要获得什么样的知识，以及要在机会空间里取得成功需要获取及（或）控制哪些资源。

机会将会引导学生选择创业设计。这样做的目的不是阻止他们为创业付出努力，而是帮助他们更好地调整自己，不要做只会空想而不付出努力的人。我们在培养学生具有自主创业精神的同时，还要保证他们的努力有正确的方向。对学生而言，如果没有任何资源潜力，一味地把时间和精力花在创业设计上是毫无意义的。

抛开商业情境

上面讨论的似乎都是营利性活动，但我们也不必局限于此。事实上，这样一个定位可能会妨碍我们为学生创造学习的机会。从我的角度来看，我所关注的仍然是培养理性冒险者。因此我希望学生在任何情况下都能够创造令自己满意的机会。如果我们把创业活动看作一个社会变革的过程，那么我们就降低了参加创业活动这个游戏的成本。即使不受利益驱使，个人或集体的资源配置也可以存在，认识到这一点很重要。事实上，对利润的假设可能会明显提高创业成本。

让我们思考下面的例子。我要求学生想办法利用自己的集体资源，为一些国家和地方的慈善机构筹集捐款。他们不能使用任何金融资本，但可以利用现有的知识或者利用他们的社会关系呼吁社会支持。全班同学很快就为慈善机构筹集了几千美元。那些成功的小组再一次使用他们原始的（natural）集体资源，从自己的努力中获得了巨大的满足感和信心。通过创造和获取这个新的价值，他们经历了一个极富创业精神的活动。他们可以反思整个活动过程。在这一进程中，他们展现出了所学的知识和技能。参与这个活动是一个意义建构的过程，而评价过程是整个学习过程的高潮。

学生反复进行这样的活动使他们在学习中也接受了一个又一个的挑战。在获得创业能力的同时，他们参与活动的信心和热情也越来越高涨。这些挑战可以很简单，简单到给每个小组五美元，要求他们以报告形式阐释他们构想、创造和获得的价值。这些任务的重要之处在于使学生了解自己、学习整理资源的技巧、学习与他人合作以及学习市场营销。对于市场营销，我们将在下一章详细叙述。现在，让我们思考关注学生资源配置给教育者带来的启示。

给教育者的启示

作为教育者，我们对资源配置概念的理解显然会影响到我们的教学方法。如果我们假设社会资本是从原有的社会网络发展而来的，那么，它的发展是简单的，只与适合的人相关。或者，我们可以假设社会资本很大程度上是隐匿性的或是依赖于机会的。同样地，获取金融资本也可能只是一个机遇的问题。这个假设也同样适用于人力资本，也就是说专业知识或技术的存在也很可能依赖于机遇。很明显，一个很重要的启示是，资源配置不是随意得来的，它们建立在现有的资源基础上，其组成成分的价值随着创意的改变而改变，随着合作集体的改变而改变。

然而，英国赫特福德郡大学（University of Hertfordshire）创业教育学院院长奈杰尔·卡尔金（Nigel Culkin）认为，它完全取决于我们关注的是教授创业教育这门课程的内容还是我们教授这门课程的目的。这一点很重要，我们很早之前也已经讨论过，但毫无疑问这个问题到现在依然重要。根据国际教育者调查提供的相关数据，人们更加关心是否能够教授或评估资源配置开发的技能，然而也有人认为这个问题超出了本科生教育的范围。

在这点上，首先让我们考虑一下创业教育的概念。波多黎各大学（University of Puerto Rico）创业发展项目负责人路易斯·里韦拉·奥约拉（Luis Rivera Oyola）认为，学生可以通过模型和案例分析了解资源配置。然而墨尔本斯威本科技大学的苏珊·拉什沃思博士建议教授学生理解资源的重要性。同样，美国得克萨斯大学泛美分校的罗伯特·莫里森博士认为，作为教育者我们必须让大家意识到人际关系和个人主动性对于找到联系和培养战略关系的重要性。或者像美国圣凯瑟琳大学（St. Catherine University）的卡伦·塞姆斯（Karen Sames）副教授所言，我们要帮助学生看到资源配置的可能性。

那我们怎么帮助学生看到这种可能性呢？美国佐治亚南方大学的卢克·皮塔威教授认为，把企业家请入课堂，向学生展示他们的经验以及给学生提供体验机会让他们自己学习的方式很重要。他的这种体验式教学也得到其他人的认同。很多支持者也认为作为教育者我们应该以身作则，树立榜样。在卡斯商学院（Cass Business School）教授创业教育课程的朱莉·洛根（Julie Logan）教授认为，作为教育者，我们应该意识到这种资源的价值，把企业家请入课堂与学生进行讨论，向学生展示该如何整合资源。英国伯明翰城市大学的夏洛特·凯里称，教育者应该树立榜样，首先建立自己的资源库，同时鼓励或帮助学生们创建他们的资源库。再进一步，爱尔兰邓莱里文艺理工学院的特雷泽·莫伊伦认为，教育者应该以身作则，用他们自己的社会和人力资本为学生设计学习方案、制订计划。最后，澳大利亚迪肯大学的霍华德·弗雷德里克教授指出，教育者应该帮助学生创建项目种子基金。挪威商学研究所（Bodø Graduate School of Business）的拉斯·科尔沃雷德（Lars Kolvereid）教授希望看到教育者指导学生，帮助他们建立人际关系网，并有可能成为学生创业项目的投资者。

来自国际教育者调查的一种相关反馈是，我们应该明确地教学生如何发展自己的社会、人力和金融资本。加利福尼亚大学圣地亚哥分校雷迪管理学院创业教育发展项目负责人罗布·富勒博士的回应具有代表性，他认为没有什么比教学生建立社会、人力和金融资本以及创造性地获取他们原本没有的资源更重要的了。其他受访者认为，在实现这个目标的过程中，机构联系和校友关系也很重要。虽然有人认为给学生创造机会学习如何做非常重要，但是想要洞悉怎样实现这一目标却不太可能。

然而，一些受访者很清楚如何达成这种学习目标。他们认为学生在建立资源配置时可以"尽管用吧"（just use it）。这不禁让人联想到耐克公司那句经典的广告词"尽管做吧"（just do it）。美国贝里学院（Berry College）的葆拉·英格利斯（Paula Englis）博士总结了这一类想法，建议我们应该帮学生在他们的经验基础上意识到自己的潜力。在南非高等工商管理学院（Tertiary School in Business Administration）任教的彼得·克朗（Peter Kraan）鼓励他的学生在创业项目中利用他们自己的网络和资源。加拿大世界信息经纪人公司总裁莫妮卡·克罗伊格建议我们可以创造机会让学生通过以下方式建立他们的人际关系网络：参加商务活动，参加志愿者活动，加入商业协会，学会建立良好的人际关系（或有效地倾听），发展人际关系网络等。反思国际教育者调查反馈的这些结果的实质，我再次被教育者教学理念的重要性震撼。这种理念往往暗含于受访者所做的反馈之中。一些教育者注重让学生为了创业和经由创业（或在创业过程中）来学习，但有人似乎更注重让学生学习关于创业的各方面知识。让我们从这里出发，思考一下你的情况。

培养领悟力和理解力

显然，我们有必要既让学生了解关于创业的知识，又能使他们以创业为目的或是经由创业（在创业过程中）进行学习。任何一个模块的背景，任何一个课堂或是学科领域都不能只以行动作为导向。然而，本章中显示出了一些我个人的看法。发展学生资源库，或者至少对它有初步认识，似乎需要一些独特的主动行为（active behaviour），[1] 这些行为可能会发人深省。在这方面，第一个限制因素将可能是教师的教育理念。制度环境也将影响学习活动的开展。此外，与整个课程相关的集体性的学习结果也很重要。让我们来一一考虑这些问题。

第一章讨论过，教育者只有了解自己才能教书育人。[2] 那么你了解你自己吗？你是靠直觉指引，还是通过书本学习？你是一个常受同事影响的盲目的实验者，还是上述这些特征都能在你身上体现？你的学术水平有多高？你在你的教学领域是负责人还是参与者？你目前是还是曾经是一位创业者？你的回答可以提供一些线索，使你能把自己的教学理念与体验式教学活动结合起来，你也可以从这个过程中看到学生的反思。

---

[1] 与其他更突出以教育者为中心的学科相比，此类活动不能被视为典型的完全符合教学法的活动。
[2] 参见帕尔默（Palmer, 1997）。

此外，如果在你的教学环境中有意想不到的结果发生，你还会感到舒服吗？很显然，我们越让学生沉浸在真实的创业实践中，我们对学生学习结果的掌控能力就越弱。学生不可能拥有相同的资源配置，那么学习结果自然不同。或许在此刻别人给你的建议会让你欣然接受？抑或是，探究这样一种开放性的过程会使你觉得受到限制？我觉得关键的问题是要确保你有一个参照点，或者有一组你可以一直依照、参考的坐标。这为什么如此重要？比如做出行动之前已经存在一些情况，你要弄清楚你的行动给这些情况带来的变化。如果你能够解释在你行动之后出现的结果，你就能很好地决定哪些值得保留，哪些需要调整，哪些应该放弃。这就是创业者经常在信息不完整的情况下做决定时所要做的事情。我们也需要能够用自己的认知启发学生，给学生提供学习机会。我们无法预知学生究竟需要什么，那么只好由我们代替他们做出选择。如果你不能像你想象的那样给学生以足够的信心，那么精选一位优秀的导师可能就会使未知的旅程变得容易许多。接下来的问题是制度环境。

第一章讨论过，对话关系会影响教学能力。这是不可忽略的，我们必须尊重这种关系的存在。面对已被广泛接受的制度规范，你怎样为学生活动创造合法性？这是一个严峻的挑战，但正如创业者每天为他们的商品和服务谋求认知和社会政治合法性[1]而进行的战斗一样，我们也必须如此。有一句古老的非洲谚语说得好，如果你想走得快就独自上路，如果你想走得远就结伴而行。如果说我在过去的几年里学到了什么，那就是你不能在谋求合法性的战斗中孤军奋战，你必须用聪明的朋友武装自己。同样，聚集一些精选的导师是一个能使你的工作取得进展的好方法。我们都面临着挑战。我们在参加会议、写文章或是与人交流时经常

---

[1] 对合法性所有形式重要性的讨论以及对创业成功或失败的决定因素的讨论，参见奥尔德里奇和马丁内斯（Aldrich and Martinez, 2001）。

会迸发出一些奇思妙想，但这些想法并不总能那么一帆风顺地转移到我们的体制环境中。引发这种变更的过程正是我们鼓励学生去学习的东西。总之，一个创业者要比一个善意的教育者更容易帮助学生克服这些体制障碍。虽然探究学习结果和相应的学习活动的本质是教育者的责任，但对学生来说，很可能是你身上蕴含的创业精神最终帮你赢得了这场战争。

现在我们来讨论最后一个限制因素。你希望你的学生取得什么样的成绩？学生在你所授的课程（科目）中取得的成绩既体现了你所付出的努力，也体现了他们的追求。显然，单独的科目和（或）整个课程的学习结果都会影响你是否能为学生提供真正的学习体验。而恰恰就是这种真实的学习体验才可能使学生了解并（或者）建立自己的资源库。如果你把自己的学习结果限定在了解资源配置的重要性，而不是思考如何把握机会建构自己的资源库的话，那么你的学习活动的方式会大有不同。真正的学习体验与策略性地提高学习成绩紧密相关，那么你创造这种学习体验的能力就显得非常重要。我们必须牢记学习成果应该属于学生，而不是教育者。考虑到这一点，我们的目标应该是确保学习活动也是如此。让学生"尽管用吧"。我们下一个要讨论的问题是学生学习推销的过程和重要性。

第三部分

创业能力培养

第八章 推销的艺术

作为一名成人学生，当我翻开第一本大学教材时，首先映入眼帘的便是"营销不是推销"这句话。时至当时，我一直深信营销即为推销。我不禁在想，我怎么能犯这样的错误？经过反思，如今我能确定的是：并不是我的理解有误，而是在高等教育中，人们用来定位营销过程的标准存在误导（如今仍然如此）。诚然，市场营销和创业营销之间存在着明显的差异，[①]那么推销的重要性又是什么？依我的经验来看，不懂推销的创业者无法很好地发挥其在创业中的作用。

与此同时，我承认个人偏见会影响我对这个概念的理解。然而，我始终认为，推销贯穿营销的各个层面：赢得他人信任、创立新企业、交流想法、学会与他人合作以及了解你的努力会消除消费者怎样的痛苦（consumer pain）。在这些方面，推销都是一种最基本的技能。芝加哥连续创业家巴里·莫尔茨（Barry Moltz）说过，人们只有在痛苦的时候才会消费，我十分赞同这一点。所以，我希望学生在毕业时都能学会如何感知和应对消费者的这种痛苦，而不是仅对营销过程一知半解；我希望他们都能发现问题所在，并且能提供大家都认同的解决方案。因此，在本章中我将不吝笔墨谈谈推销的艺术。

[①] 想了解更多关于市场营销和创业营销的差别，参见毕尔克和赫尔特曼（Bjerke and Hultman, 2002）。

推销的情境

我一直信奉只有了解自己，方能教书育人。同样我也深信，只有了解自己，才能推销自己（或购买适合自己的商品）。基于这个道理，我们需要让学生了解自己。抛开严格的等级制度，我认为，人与人之间任何形式的互动都可以概括为一种推销。同时，摒弃认为推销等同于做生意的观点是非常有实用意义的。任何我们试图用自己的观点使别人信服的过程本身就是一种推销。我女儿七岁时经常暗示我，她一岁的弟弟想吃冰激凌。事实上，她试图利用我疼爱儿子的情感，为她自己也争取一个冰激凌。十分有趣的是，一个小孩都知道如何通过帮助别人使自己获益。在这个过程中，她实际上就是在推销。所以，我更乐于在这个特定的情境里去谈推销。推销是一种能够说服他人按自己的意愿去思考和行动的能力，而这样做通常会给自己带来利益。我的论点不难理解：如果你能在日常生活中的各种情况下熟练地运用这种能力，你便具备了成功做成生意的必备技能。那么，让我们首先回到最初的问题上——了解自己。

初入职场时，我接触到了很多关于推销的观点和概念，其中一些曾经是比较流行的；还有一些比较合理，使我们懂得如何抓住机会说服别人接受自己的看法。毫无疑问，那些影响深远并且为我的学生所认可的观点，是关于对人的气质类型的了解。当我第一次看戴维·凯尔西（David Keirsey）[1]的《请理解我》一书时，我茅塞顿开。仿佛机会在我面前慢慢出现，而我被赋予了某种权力，让我能及时抓住机会。我之所以可以抓住它，是因为我能洞悉一切，看出端倪，治愈一些需要治愈的"痛苦"。说到这，还是让我们首先来看看戴维书中的观点是什么，以便使后面章节的内容有据可依。

---

[1] 参见凯尔西和贝茨（Keirsey and Bates, 1984）。

四种气质类型

凯尔西认为，气质是指可察觉的人的性格特征，如沟通习惯、行为模式，以及特有的态度、价值观和天资[1]等诸多元素的结合体。图 8-1 为大家呈现出人格、气质和性格之间的相互影响。同时凯尔西认为，气质和很多因素有关，如个人需求、在职场的举止以及在社会上大体所扮演的角色。让我们一起通过图 8-1 进一步探讨这几个概念之间的关系。

人格包含两个彼此独立却又相互关联的方面，即气质和性格。气质是我们天生倾向的结合体，而性格则是日常生活习惯的结合体。随着我们身边环境的变化，我们的习惯会发生改变。因此，可以说，我们的气质相对而言是天生的，当气质受到周围环境影响时，我们的性格会随之出现。凯尔西强调"气质、性格和人格是相互交织的。也就是说，我们不但倾向于产生某种特定的态度和行为，而且这些态度和行为往往是一致的，它们相互配合，密不可分"。[2]同时，我们观察到这些态度和行为结合在一起，使我们产生各自不同的行为举止。这些行为举止似乎也可以分为四类（如图所示）。

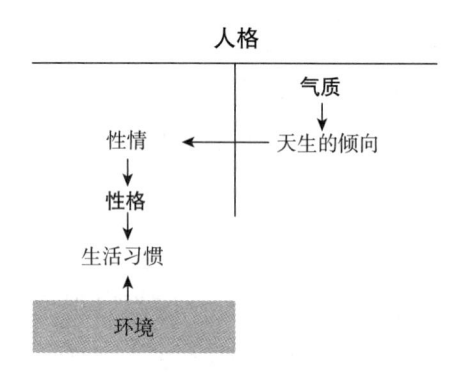

图 8-1　人格、气质和性格的融合

---

[1] 参见 http://www.keirsey.com。
[2] 同上。

学生面临的挑战在于理解他们的气质如何影响他们的社会关系。作为教育者，我们可以为学生设计各式各样的互动活动，让学生根据对自己的了解以及对周围环境的认识，完成一个任务或计划。学生一定能从中得到乐趣，同时收获颇丰。从这个意义上讲，我们应该多为学生提供此类互动活动，使其从中受益。接下来让我们一起探讨，是什么显著的要素构成了一个人的气质。

在此，我会比较严格地将讨论的重点放在气质的四个要素上——多血质、黏液质、胆汁质和抑郁质。然而，我承认在其他讨论气质的框架中这些名称另有所指。我之所以选择这四种来谈，原因很简单。以往经验表明，学生可以识别并利用这四种要素，在各种社会环境下正确地认识自己的性格对各种社会环境有何积极或消极的影响。而在这些社会环境里，他们总会遇到推销自己的机会。教育者可以接触到大量的资料，用以鼓励学生利用这些要素（以及其他要素）。这些要素是由盖伦（Galen）在公元190年首先提出来的。让我们仔细思考关于每个要素的重要假设，并进一步探讨大学生创业的意义。①

多血质

多血质类型的人活泼好动，善于交际。事实上，社交能力是其他性格特征的基础。这一类型的人活泼开朗，似乎在任何环境中都能应付自如。他们天生无忧无虑，随遇而安。正因为如此，他们通常都比较外向，情绪稳定。在职场上，他们总能想出很多好的创意，感染和影响周围的人。他们生性乐观，抱负远大，善于勾画创业机会。然而，这一类型的人做事往往粗枝大叶，总是着眼于短期的、暂时性的想法，即使是对非常感

---

① 为了进一步理解在这个层面上大学生创业的含义，请参考德格拉夫和劳伦斯的观点（DeGraff and Lawrence, 2002）。

兴趣的事物，也难以坚持到底。虽然如此，多血质的人却拥有与生俱来的想象力。

胆汁质

胆汁质类型的人比较武断，但目标明确。他们非常有竞争优势并且精力旺盛。他们身上同时具备多血质类型人的乐观主义精神，在追求目标的过程中能够积极进取。他们做事总是迎难而上，不会超出最后期限，也不会改变既定目标。这一类型的人渴望有一个行动至上的高压工作环境，非常适合开展创业工作。他们性格中的弱点是情绪不稳定且不擅长与人合作。胆汁质的人在成长中一定要学会收敛其性格中霸道的一面。然而，这一类型的人一旦目标明确，通常都会克服困难实现目标。唯一的问题是，代价有多大？

黏液质

黏液质类型的人沉稳，考虑事情全面。他们擅长结交朋友，支持他人。他们在充满信任、互相尊重和目标一致的环境中如鱼得水。这一类型的人通常情绪比较稳定，情感不易外露。他们乐于助人，通常可以在工作中支持别人的工作，且（或）不唯利是图。他们经常会花时间致力于志愿者服务。但这一类型的人往往优柔寡断，缺乏动力和勇气坚持自己的信仰。之所以这样评价，是因为他们凡事都会考虑周全，经过深思熟虑才行动。然而，当他们最终下定决心时，别人早已经采取行动了。尽管如此，黏液质的人善于忍耐，这一点值得多血质和胆汁质的人学习。

抑郁质

抑郁质类型的人做事小心谨慎，有条理，效率高。尽管相对消极，但他们注重过程，做事时自信且坚定，这一点是不受拘束的多血质类型的人所缺乏的特质。然而，他们过于刻板又追求完美，这使他们在团队合作中贡献不大。这一类型的人适合从事工程师、医疗和法律等注重细节的工作。但他们往往过于古板，太过在意过程，所以有时并不能充分地发挥自己的能力。

总之，以上提到的四种气质类型，并不意味着任何一个个体都只属于某种特定的气质类型。上述的讨论表明，任何一种气质类型都有着各自的优点和缺点。而这四种气质类型往往会共存，即每个人身上可能具备不止一种气质类型，人们在日常生活中会随着环境变化而重组和改变自身的气质。无论何时，我们的一言一行总是体现出这些气质类型的并存和组合。因此，我们给学生提供线索，让他们可以领悟和感受现在和将来的目标。

培养销售人员的本能

我们可以将推销描述为一个发现潜在顾客，进而提供我们想推销的物品的过程。作为教育者，我们面临的挑战是：1）确保学生对周围的情形了如指掌；2）确保学生能迅速捕捉到信息，就向谁提供什么做出反应。如果我们能够为学生指点迷津，使他们具备较高的能力，我们便成功地强调了推销的重要性。在这里，我想和大家分享一下塔斯马尼亚大学培养学生这种能力的过程。

从2002年起，塔斯马尼亚大学就在开展一个培养创造力的项目。受到这个项目的启发，人们顺理成章地开始关注推销的过程。我之所以说顺理成章，是因为在运用创造力解决问题的过程中，参与者需要有能力向确定或假定的利益相关者推销解决方案。因此，鼓励学生了解自身的气质，以及在不同情况下这种气质是如何表现的，是促进学生自身发展的根本出发点。在这个过程开始之时,学生要接受一个气质测验,[①]鉴定自己的气质类型。一旦了解了自己的气质,我们将会给他们许多机会和同伴互动,然后让他们思考这种和自身气质有关的互动的本质。一般来说,学生最初参与的一个学习活动就是展示创造性解决问题的能力。

创造性地解决问题

运用创造力解决问题是个既严肃又有趣的过程,这个过程为学生了解自身的气质提供了非常好的平台和机会。它包含四个不连续的却又密不可分的步骤。首先是让学生组成小组,重新明确某个实际问题。其实,为微不足道的问题提出创新和独特的看法意义不大。在这一阶段,学生的逻辑判断力起重要作用。到了第二步,由于已经明确了需要引起重视的问题(挑战),学生便十分清楚如何运用自己的创造力提出很多想法。在这个阶段,学生无须进行逻辑判断,可以畅所欲言。第三步,在得出大量备选方案后,学生必须再次做出判断。学生提出的每一个想法的优点,都应该与实际问题(挑战)相结合。进入第四步,学生确定了解决问题(挑战)的方案后,他们面临的任务是如何将这个方案推销出去。到了这一步,推销的本质(即把什么卖给谁)变得尤为重要。简言之,正是在这个从众多见解和观点中筛选合理解决方案的过程中,学生认识和了解了自己的气质。经过不断重复,学生在这个过程中顿悟和觉醒,慢慢具备了推销的能力。在这个过程中的挑战是让学生学会如何运用及释放自己的能力,专注于解决问题却不受自己观念的束缚。

---

① 我是采用了 http://www.oneishy.com 网站的测试,来为大家提供易于区别每种气质类型优缺点的方法。

伴随着这个任务的是第五章提到过的小组意义建构的过程。另外，这个过程使学生有机会反思对自身气质的了解。这是一个与培养学生推销技能的各种学习活动并行的过程。正因为有了这个至关重要的过程，学生得以反思，从而了解和接受自己的气质，甚至尝试去改变自己的生活习惯。另一个能促进和培养学生推销技能的任务是神秘概念的挑战。

神秘概念的挑战

参加小组活动的学生，面临一个可以理解为多种事物的抽象概念，它并不特指任何具体事物。于是，学生面临四个挑战：概念是什么？目标市场是什么？如何定位？需要多少启动资金？这四个问题的答案将以小组展示的方式呈现。这个任务设置的前提是前文提到的某一气质类型。学生必须构思出一种有价值的东西，能够吸引特定性格的人群。学生推销的方式应该符合这种气质要求。重要的是，学生会看见其他同学的努力。因此，在这个过程中，他们积累的经验不仅仅局限于对当时情况的理解。当其他同学表现优于自己时，学生看到了他人为推销自己的概念而付出的努力。此外，如果我们在这个充满挑战的过程中去除这种神秘色彩，学生的推销技能将会被我们"一览无余"。

交易游戏

几年前，我的学生逐渐分为国内和国外两类。这两种类型的学生似乎很难在一起合作。我的解决办法是在课堂上设计一种游戏，该游戏要求他们必须具备推销能力，并且彼此协作才能成功。这个游戏[1]其实很简单，但也要求学生在这期间努力了解其他同学的处境和需要，才能在

---

[1] 欢迎广大教育者们参阅《交易游戏》（2005）和相关资料。

游戏中取胜。下面让我们一起看看游戏规则。

	卡1	卡2	卡3	卡4	卡5	卡6
商品A	10	3	7	0	1	5
商品B	7	10	1	3	5	0
商品C	3	7	10	5	0	1
商品D	1	0	5	10	7	3
商品E	0	5	3	1	10	7
商品F	5	1	0	7	3	10

图8-2 交易游戏

图8-2显示，这里有六栏，每个栏总价值都是26，分布在六个不同的商品中。每一栏代表学生在游戏中可能会拿到的卡片。比方说，卡片1包含A到F六种商品，顺序排列如下：10，7，3，1，0和5。这个游戏的目的是把手中卡片（水平方向）的数字交换，从而得到更大的价值。比如，如果我拿到的是卡片1，我会想找到手中持有卡片5的学生，以便拿我的商品E和他的交换，这样我就净赚10。随着游戏的进行，当我交换到若干价值10的商品后，我将会和持有卡片2的学生交换商品C，这样我卡片中商品C的价值就从3增加到7，净赚4。这个过程中的挑战在于，为了得到你需要的，就必须失去些什么。然而，你所交换的和你最终得到的之间的差，就是你的推销技能的体现。

这个游戏反复进行了几轮，要求学生制定和实施策略，同时和班上所有同学建立和保持健康有利的合作关系。在这个过程中，学生通过自己的努力独立地完成游戏；但就策略的制定而言，也需要同学的帮助。最终,学生还是要靠自身实践来学习。另外还有一个学生互相学习的办法,即解读别人是如何构思价值的。

解读价值构思

推销的一个重要要素就是事先准备，了解手头的任务，简单地说，就是对目标市场的需求了如指掌。从理论上说这是个不确定的过程。学生应该和他们的潜在顾客接触，这一点至关重要。这样一来，学生就能真正面对顾客的需求。从前（在 4Cs 营销理论范畴内）我曾经让学生尝试过这样一个过程，他们要先计划，然后举行一个活动。最近，我也尝试让学生根据自己所选择的主题（模式），在一个就餐时段经营一家餐馆。每隔两星期，学生都要回到课堂上讨论他们活动计划的进展情况。作为教育者，我的任务是给他们提供支持以及质疑他们所信奉的逻辑是否明智。

在和学生的交谈中，我清楚地意识到，学生最不愿意做的是和假定的目标市场的客户代表面对面交流。正如电影《梦幻之地》[①]讲述的那样，如果我们构思好了，他们就会来。如果学生不把顾客置于策划的核心位置，这样就无法实现培养学生推销能力，以及适应不同气质类型人群能力的潜在价值。这并不是懒惰问题，因为在努力组织和计划活动时，学生已经很清楚地展现了他们的能力。然而，学生似乎在回避一个最基本的任务，即去接近他们假定的目标市场。我意识到，他们总是不想冒险去接触未来的客户，也不愿意承担被别人扫兴的风险。听着耳熟吧？创业者往往会被新的"探险"热情冲昏头脑，以至于他们不愿意被别人否定和批评，这一点很正常。然而，我们必须确保学生能早日出人头地，实现自己的梦想。因

---

① 《梦幻之地》是 1989 年拍摄的美国电影。电影描绘了一个农民在耕作之余，听到一个"声音"，要他在田野中间建造一座棒球场，影片中有一句台词是"如果你建好的话，他会来的"。

此我们有责任确保学生的抱负和能力与他们想要创造的现实世界相"碰撞"。

我们可以利用一个简单的过程帮助他们实现这个"碰撞"。通过让学生质疑其他同学计划中对潜在客户的当前设想，他们可以学会解读彼此的计划。与此同时，学生还可以互相帮助，重新制订计划。在这个过程中，教师只是在一旁起辅助作用，随时准备提供指导和支持，而不是过度地把自己的想法强加给学生。问题的关键在于，让学生自己发现不足并且寻找方法改正。于是，经过自己的深思熟虑，而不是盲目接受"英明"的老师的建议，学生对客户实际价值的直觉和判断力得到了磨炼。学生参与的最后一个过程就是如何以"小"换"大"。

以"小"换"大"

如果我们将学生"洗劫一空"，让他们只能凭着销售的直觉继续经营，会怎样？如果我们把这个作为评估学生的一个重要部分，又会怎样？我们在塔斯马尼亚大学培养学生创造力时，就是这样做的。我们将学生分组，给每组学生一块巧克力，让他们拿它跟别人换取更有价值的东西。一旦这第一步完成了，学生必须继续把手头上的东西交换成更有价值的东西，以此类推。同时我们要求每组学生做交易登记，将换来的物品记录下来。这个过程可以持续整个学期，每隔两星期，学生就要将本组的记录给其他组看。位于萨瓦纳的佐治亚南方大学的卢克·皮塔威教授在英国谢菲尔德大学（University of Sheffield）曾组织过类似的活动。他说，交易竞争是一种既有趣又能实现互动的方法，可以检验学生的创业技能。他指出，竞争帮助培养学生推销和谈判的技能。同时竞争也是一种有趣的方式，让学生有机会在实践中学习创业。

在塔斯马尼亚大学，我们用三种方式评估各组学生。第一种方式：对班里各组学生的交易量进行比较和评估。第二种方式：对两周后各组学生手中现存物品增值的比例进行比较和评估。第三种方式：对两周后各组学生手中现存物品的实际价值进行比较和评估。总体上说，50%的分数是基于他们的表现来评定的。通过交易换取更高价的物品，这种推销对学生而言是个挑战。如果挑战成功，他们在这门课便能取得优异成绩。这门课为学生提供机会，使他们根据各自不同的性格，按照不同的交易情况将推销技能应用于实践。

总之，我们无法直接教学生如何推销，但可以为他们创造环境，使他们了解自己并获得推销技能。我这样说并不是在减轻我们作为教育者的责任；恰恰相反，我是在强调一个事实，教育者在这个过程中往往妨碍了学生获得这种重要的技能。我也不是强调说上面提到的活动是独一无二的。然而，我认为我们应该有意识地为学生提供学习这种技能的机会，使他们在学习过程中反复使用它。下面让我们探讨一下推销技能是如何在全球范围内为大家所广泛提倡的。

对推销技能的认可和需求

绝大多数国际教育者调查的受访者认为，培养推销技能应该成为创业教育的重要组成部分。然而，在高等教育中培养推销技能的主张还是存在争议的。有些人指出，创业者并不推销，他们只是建立这种体系，为有需要的特定人群提供解决方法。与此同时，也有人认为，其实有些学者并不擅长培养推销技能和（或）专业技能。总体上说，大家都认为培养推销技能很重要，但没有足够信心去实施它。

这种对话关系再次出现。美国佐治亚州南方大学的卢克·皮塔威教授指出，他们有一个推销中心，设有很多关于推销的课程，这些课程逐渐被纳入创业项目中。他们鼓励学生将这些课程当成选修课。显然，在这种情况下，现有结构的价值还有待挖掘。然而，我们教育者时常被困在已有的教学方法和文化中。澳大利亚弗林德斯大学的薛丕声教授说，我们中间需要有人来教学生们如何推销。他感到我们的营销课程总是侧重营销管理或市场调查，而创业课程则是侧重创业计划，很少或根本没有涉及推销。

许多国际教育者调查的受访者都提到，我们应该帮助已掌握推销技能的学生树立信心。从逻辑上讲，这是行得通的。如果学生逐渐意识到他们有能力用很有说服力的方式和别人交流，在未来他们会更加有信心。这一点又和第三章讨论的本体论问题密切相关。考虑到学生毕业后不会停止创业，我们应该努力提高学生的技能，让他们按自己的方式发展。当然，在各种环境下有信心和能力推销自己，对学生未来人生的进步至关重要。接下来，让我们退一步探讨下你偶然遇到的机会和挑战。

规划未来

让我们回头再来讨论一下"只有了解自己，方能教书育人"这个教学理念。谈到推销这个话题，你到底是谁（你的角色如何定位）？你过去关于推销的经验如何影响你现在的教学方法？什么样的源输入会促进你的教学？你是否陷入一种境地，仿佛是在教授别人的课程？那么你又是不是自己命运的主人？关于培养学生推销技能的重要性，你是否持相反的观点？由这些问题开始，我们可以继续思考未来的路。

你到底是谁？

你是否同意这种观点，你到底是谁十分有可能影响你和学生之间的对话关系。你在多大程度上促进和培养了学生的求知欲？借鉴约翰·杜威（John Dewey）[①]对这个问题的思考，我们可以看出，作为教育者的我

[①] 参见杜威（Dewey, 1910: 32），可以了解我们的学生的思维方式。

们应如何为学生创造条件，使得他们解决推销相关的问题的好奇心演变为一种知识自由的形式？我认为解决问题的办法在于学生应该把推销的主体和能力当作自己面临的智力挑战。那么，你认为推销技能在需要培养的创业技能里面应该排在什么位置？推销技能是教育的结果还是一种影响教育结果的技能？于是我再次强调"你是谁"的重要性。虽然在共同营造学习氛围方面学生起到一定作用，但在这方面，我们作为教育者还是应该起主导作用的。我们的影响力是远远超过学生的，但是我们不应该因为自己对某些问题的抵触而束缚学生的学习。令人遗憾的是，对于哪些能做、哪些不能做，教师并不总是有决定权的。

你在哪里授课？

下面我们要讨论的是教学环境的问题。你是否能自由决定自己的授课内容？你是否面临这样的挑战，要讲授一系列必须完成的内容，使你几乎无暇探讨稍微容易些的问题，比如推销。对于教育者而言，虽然这是个难题和困境，但相对而言也不难克服。让我们回到约翰·比格斯的建设性组合的观点上。[①] 作为教育者，你有责任协助学生获得对他们发展有利的（由你或他人决定的）学习结果。因此第一阶段你不一定能将教学重心放在推销上。为了讨论，我们假设你在这方面遇到很多束缚。但这种束缚不会阻止你将推销纳入教学的重点。第二个阶段的教学需要设计一些学习活动以达到教学效果。于是，在这个过程中你有机会结合各种所需的教学模式，培养学生的推销技能。

我再次强调，你所面对的对话关系将直接影响你所采用的教学方法。然而作为有创业精神的教育者，你有能力回避一些你所遇到的束缚，以

---

① 参见比格斯（Biggs, 2003）。

便帮助学生得到提高。简单而言,你应该决定学生如何学习而不是学什么。虽然条条大路通罗马,我们还是应该选择更加有利的道路。

你的影响力如何?

国际教育者调查的结果表明,我们无法仅仅凭借一系列多样化却毫无关联的资料从事创业教育。我们应该支持这种多样化,而不是主观地认为自己的资料比别人的更适合教学。我们的挑战似乎在于确保自己多接触别人的教学方法。一个比较好的办法是参加一些会议去接触其他教育者,以便收集一些和他们教学相关的信息。此外,仅通过电子邮件(或电话)的方式联系其他教育者,或寻找机会与其讨论教学,这两种方法都不十分受推崇。

总之,我在本章中想强调培养学生推销技能的重要性。我的方法是通过让学生和他人接触,唤醒对自己天生个性的意识。通过让学生推销自己成功地完成一系列的可评估的任务,突出强调他们的求知欲,进而自然地培养和保持推销技能。为了促进这个过程,我们拟出了这些任务的大纲,并不是为了说明这种活动具有示范性,而是为了证明教育者有能力发挥想象,设计(或模仿)这些活动。最后,培养学生推销技能的重要性应该由你决定;为了培养学生的这种技能,在教学中使用什么方式最恰当,也应由你决定。接下来我们要讨论的是创意评估。

第九章 创意评估

　　创业者总是会被一些相互"竞争"的创意所包围,这些创意"争夺"着他们的注意力和宝贵的资源,这是个不可避免的事实。这就是创业所要面对的现实,需要去专注于可能创造价值的机会。因此我们急需解决的问题就是高等教育中接受创业教育的学生要如何学会创意评估。这一章将侧重这个问题,并以解决这个问题的方法为前提(在第三章概述本体论定位时曾提到)。同样,这一章我们也会提到一些争论供大家思考,即基于怎样的顺序做出判断,从而最终依赖现有的资源做出决策。同时,还存在争议的问题是,我们应该培养学生对未来的判断能力,而不是盲目自信地以为知道一些未知的东西。更为重要的是,这一章刻意要将二者区分开来,即选择去执行哪个创意的过程和制订一个创业计划或执行计划去实现这个创意的过程。值得注意的是,这个讨论也避免将个人判断和应有的审慎混合。下一章将会讲到制订一个创业或执行计划。

　　这一章的内容大体概况如下:首先我们将会思考为在高等教育中接受创业教育的学生提供评估创业理念的机会,同时思考在国际教育者调查中提出的全球性问题。接下来,我们将围绕这个评估过程讨论本体论的问题。然后我们将会讨论另外一个可供选择的评估方法,去解决本体论问题。最后,在涉及相关具体问题之前,我们将会思考作为一名从事创业教育的教育者,你所拥有的机会。

高等教育中的创意评估

国际教育者调查为培养学生创意评估的能力提供了强有力的支持。大部分受访者都认同学生能够有效地评估新创意的商业潜能是十分重要的。然而，也很少有人能够就这一点明确地说明创业教育工作者的特定含义。英国诺丁汉特伦特大学（Nottingham Trent University）的菲利普·克拉克（Philip Clarke）的观点具有代表性，他指出，我们面临的挑战是培养这种评估技能的同时不能对学生的直觉产生负面影响，因为直觉才是创业思维的独特之处。我们需要更认真思考的是什么是直觉。我们能教会学生产生直觉吗？直觉是一种先天的本能吗？显然我们现在的挑战是，直觉被认为与基于过去经验而产生的行为模式有关。你能看到这里潜在的问题吗？如果学生过去没有创意评估的经验怎么办？

值得一提的是，国际教育者调查的受访者都支持让学生发展评估能力。大家普遍认为教育可以让学生具备这种评估技能来评估他们创意中的潜在价值。爱德华·德·博诺（Edward De Bono）[①]说，"没有糟糕的创意，只有在选择创意时做出的错误判断"，我现在仍然被这个观点困扰着。这个观念促使我避免将个人判断和应有的审慎混为一谈。在这一点上，澳大利亚斯威本科技大学的苏珊·拉什沃思博士认为，我们应该让学生了解他们需要解决的关键问题，并让他们意识到永远不会有完美的答案，但是他们需要考虑每一个关键因素，这样才不会犯不必要的错误。这和我的观点不谋而合，我们可以接受训练过程中产生的错误，而不是想当然的假设以及因此产生的盲目自信。让我们讨论一下高等教育中接受创

[①] 为了更全面地就创意开发和选择好的创意展开讨论，参见德·博诺（De Bono, 1995）。

业教育的学生可用的评估方法的类型。

创意评估

我们有从专业性到一般性的多种评估模型。如前文所述，背景依然很重要。我们不能想当然地认为，用来评估高新技术创意的评估框架也可以用来评估简单的在线创意。相反地，高度概括的框架可能也无法充分地评估复杂的创意。

我们可以在金伟灿（Kim）和莫博涅（Mauborgne）[1]的效用矩阵（Buyer's Utility Map）中看见一个评估复杂创意的例子。这个模型表明，通过六个购买体验周期（即购买、配送、使用、配套供给、维修、丢弃）和效用杠杆（即环境友好、娱乐或形象、风险、便捷、简单和客户的生产力），我们可以同步实现开发和评估创意。从本质上来讲，这个模型侧重于战略性判断以便识别和构建成功的创意。然而，我们并不清楚这样一个模型在多大程度上适合接受创业教育的学生。它规定的运作模式是在回顾性分析的背景下产生的，即像戴尔电脑和摩托罗拉这样的大型公司是如何开发创意的。这里我们关注的问题是学生是否有能力真正了解他们想要融入的市场。认为我们在没有足够的经验和（或）不了解创意可能产生的结果时，便预先确定该创意更胜一筹，这种假设是不可信的。那么，关键问题应该是学生能从这个特别的评估过程中学到什么。

另外一个可供选择的评估方法是采用更宽泛的标准来评估。已故的杰弗里·蒂蒙斯[2]提供了一个综合的筛选过程来评估既定创意的潜在价值。总之，完成这个过程需要 14 个步骤，而且需要大量的时间。完

---

[1] 参见金伟灿和莫博涅（Kim and Mauborgne, 2000）。
[2] 参见蒂蒙斯（Timmons, 1999），尤其是第三章和第四章关于创意评估的讨论。

成一个标准的创业计划会需要更长的时间。这个过程能使接受创业教育的学生学会如何评估创意或寻找有价值的信息吗？我相信这是关键问题。

为什么接受创业教育的学生需要评估创意？这样他们就可以开始创业吗？这样他们就能解释为什么该想法可行？这样他们就能学会从各式各样的创意中做选择吗？还是因为这仅是他们的课程规定的一个必修的章节？经过仔细思考，我们发现选定评估方法是很困难的。

有人认为，接受创业教育的学生应该完成一个包含两个阶段的过程，即第一阶段的可行性分析研究和第二阶段的可持续性研究：[1]前者研究如何将一个创意变成一次创业，后者分析将创意付诸实施的潜在收益。我发现这个过程与学生需要仔细讨论才能评估创意的实际情况有些脱节，因为学生仅仅凭借他们有限的个人判断来产生新知识。在这种情况下，我们让学生解决太多会阻止学生创业热情的需求，会有疏远学生的风险。让我们坦然面对这个现实吧，用来思考上面提到的筛选过程的时间，许多学生可能已经能够设计并发布一个在线业务。世界在变，我们的学生的需求也永远在变，而烦琐、冗长的寻求知识的过程并不能使所有学生都受益。此外，选择是至关重要的。毫无疑问，有些学生可能会从这个漫长又有条不紊的过程中获取极大安慰。但是只有一小部分学生毕业时还在进行着学习期间开始的创业，因此我们不该过分强调深入学习这个评估过程的重要性。

你可以反问自己：你是愿意让学生在学习期间评估许多创意从而变得精通评估，还是愿意让他们评估一个更有价值的创意？这就显示出创业教育中一个常见的问题：即创业计划和评估的融合。我认为我们应该将这两个过程分开，否则，为了取得一个令人满意的成绩，学生可能局

---

[1] 参见周（Choo, 2006: 67）。

限于一个失败的创意并被迫坚持。然而这些独立却又明显相关的过程并不总是能好好地融合在一起的，为了更好地解释创意评估和创业计划之间存在的问题，让我们暂时回到本体论问题上。

本体论问题

许多创业教育的课程结构似乎都是以创业计划的开发为前提的。我感觉在这种方法中潜藏着一个"致命"的假设，即学生能够进行创意评估。该论证背后的道理很简单。因为缺乏恰当的评估，接受创业教育的学生经常在没有全面了解正在研究的创意优点的情况下，就开始处理一些构建创业计划的任务。参照图9-1，让我们分析这个论断。

图9-1显示的是一些相关的问题。首先我们意识到接受创业教育的学生可以学习关于创业的知识、为了创业而学习、在创业的过程中学习或者经由创业而学习（也可能是四者的统一），于是我们可以想象一下他们的学习环境。我认为学生是在一个我们并不明了的"隐藏"环境下学习关于创业的知识。与此同时，当他们为了创业而学习从而培养技能时，这个环境便更接近于一个"人造"环境。也就是说，我们可以允许学生在相对安全的学习环境里参与各种体验式学习。当他们在创业的过程中学习（比如实习）时，他们可以接触到外界环境，于是其他因素进入了他们的学习领域。最后，当他们经由创业而学习时，对其学习产生影响的是他们的生活环境。

图9-1所示，有人认为在整个学习范围里对知识的运用有时间上的区分。当学生学习关于创业的知识或为了创业而学习时，他们或许更关注知识的积累以备今后使用。而在创业的过程中学习或者经由创业而学习时，情况正好相反。

图 9-1 创业知识的环境

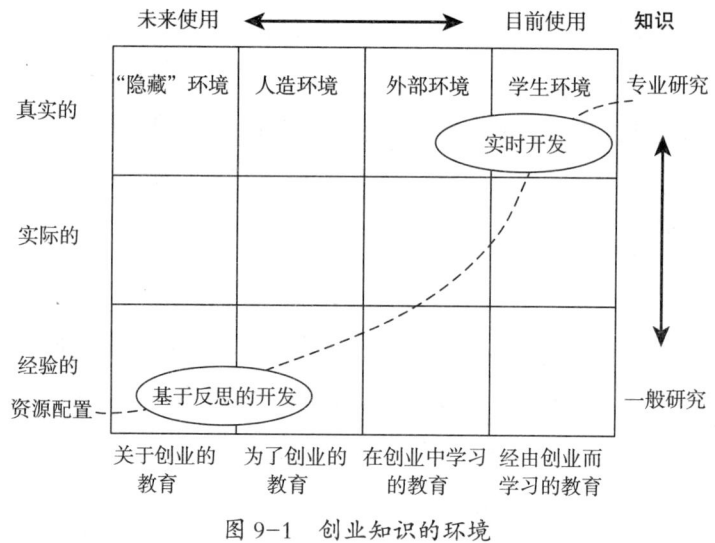

根据我个人的观察,接受创业教育的学生使用的知识也随着他们在这个范围内前进而改变(从一般到专业),尤其当他们开发潜力时。让我们暂停一会儿再次引入罗伊·巴斯卡①的分层本质实在论。该理论将有助于我们划分学生思维习惯发生改变的时间和空间,因为学生的思维习惯可能随着未来的创业行为而发生改变。

你可能会问,为什么分层本质实在论对创意评估如此重要?我认为由于个人情况不同,学生的创意和预期市场的实际情况之间通常会有一个时空的分离。学习关于创业的知识的学生的做法可能离现实较远;而经由创业而学习的学生则在其创意背景下实际操作。因此,当学生评估创意时,能够知道的和需要知道的之间可能存在潜在的差异。随着学生学业的进步,他们可能处于真实的领域,但正如前面讨论中所说的,除非他们实际上参与了启动过程,但这一般不太可能。同样,我们也必须考虑到在什么样的环境下学生可能开发资源库。是否可以基于反思发展

---

① 参见巴斯卡(Bhaskar, 1975)。

资源库？学生是否能实时开发资源库？本质上，我们应该接受本体论问题的存在，这个问题可能会妨碍学生接触到他们自以为可以理解的现实。在塔斯马尼亚大学，我们一直在逐步地形成多种选择，使学生能够培养可以灵活地应用于各种情况的质量评价能力。让我们用一些时间概述主要的方法论。这个创意评估的讨论是在下一章关于创业计划的讨论之前。下一部分的侧重点是培养学生的创业判断力，而不是培养其收集和分析创业计划数据的能力。

创意评估过程

塔斯马尼亚大学的学生越来越擅长使用早期评估系统IDEAS（innovation development early assessment system）。杰克·英格利希（Jack English）[①]副教授开发了这种结构化方法。这个过程的目的在于确定新的创意，并就哪些创意值得投入较多的时间和努力做出合理的判断。培养使用该系统的能力建立在学生先前已获得的许多创业技能的基础之上。举例来说，学生在使用这个过程时，我们会强调他们对任何一个特定的创意所持的资源库的理解。为了训练学生使用这个过程，我们首先为学生补充一些背景知识，如成功创意的本质，这些创意和一般环境下时空变换之间的关系，以及崭露头角的创业者可利用的一系列机会。

表9-1显示的是40个旨在通过个人判断去评估的特定领域。这里的关键问题是我们在整个评估过程中都在使用个人判断，因此事实上是学生在寻找创意的潜在价值。让我们考虑一下这些需要学生集中个人判断力的问题，首先还是从创意的潜在需求谈起。

[①] 参见英格利希和莫特（English and Moate, 2009），也可参见 http://www.teaching-entrepreneurship.com/ideas.html。

表 9-1　创意过程侧重点

潜在需求	市场准入	竞争力	边界风险
市场规模	需求和需要	差异性	监管风险
市场增长	认可	价值	技术风险
市场稳定	兼容性	消费者议价能力	环境威胁
持续性	复杂性	供应商议价能力	社会经济风险
推广性	分销	竞争者	依赖风险
企业建立风险	技能 & 经验	资源	资金 & 辨识力
筹划风险	市场专业知识	财力资源	销售预测
营销风险	技术专长	物力资源	盈利情况
交割风险	金融专业知识	人力资源	成本结构
流动性风险	经营专长	智力资源	金融结构
个人风险	管理经验	关系网	资金流动

潜在需求

第一个问题是**市场规模**，即我们假定预期目标市场中到底有多少潜在顾客。对此，学生需要考虑预期的消费模式，平均每周的消费额以及人口、生活方式、社会、科技、政治和经济的趋势。一旦考虑了这些，就可以做出判断（按照规模从大到小分为五个级别），对于其他39个问题来说，也可以按照五个等级进行评价，捕捉每项的商业潜力中存在吸引力与缺乏吸引力的地方。

接下来的问题是**市场增长**，即与创意相关的服务或产品的需求逐渐增加的潜力。在这里有必要考虑竞争对手关系，同时把市场增长的评估与类似商品或服务的性能联系在一起。下一个问题是**市场稳定性**，即在可预见的未来中需求的相对稳定性。在这里需要考虑的问题还有外部事件的合法性、季节性与可能性。下一个需要解决的问题是**持续性**，即预期的商品寿命。是否还有一些特别的短期社会趋势是与这些创意相联系的？你的创意与产品生命周期中的哪一段是相关的？最后一个关于潜在需求问题的是**推广性**，即源于最初想法的额外商机。基本的逻辑在于有商品（服务）推广潜力的创意比没有这种潜力的创意，存在的潜在风险更低。现在让我们探讨一下关于市场准入的五个问题。

市场准入

就市场准入而言，学生需要判断他们创意里的基本需求和需要是什么，他们的创意是如何与目标市场的本质需求联系起来的。这种需求可能与他们的安全、地位、乐趣、生活方式或便利有关。因此，我们要求学生用判断力去解释我们这个社会群体里存在的不同程度的欲望。下一个问题是认可，即一个创意的特点和收益被目标市场理解和接纳的程度。因此，学生的判断与他们对定位可能性的理解有关，同时也与他们就创意进行的交流有关。接下来的问题是兼容性，即创意的潜在市场接受度与现有态度的兼容，和（或）与该创意相关的其他产品和服务的使用方式之间的兼容。下一个问题是复杂性，即使用产品或服务的难易程度。因此，学生必须运用判断力去分析终端用户所做的决定。这个决定的重要性如何？在终端用户心里，未知信息与创意的相关程度如何？最后一个关于市场准入的问题是分销，即终端用户与产品（服务）分销渠道的接近度。学生对创意、分配方式以及利益相关者行为之间本质关系的理解程度将会影响他们的判断力。现在让我们探讨一下和竞争力相关的五个问题。

竞争力

就竞争力而言，我们首先考虑的是该创意和其他现有产品或服务间的潜在差异性。因此，当对这些差异进行评价时，我们必须要考虑到创意的特点、表现力、持续时间、功能、风格以及简单程度（这里简要列出以上几点）。下一个问题关系到价值，即最终用户从创意中可能获得的收益。因此，学生必须就价值的来源做出判断，根据差异、价格、服务、便利以及技术平台等方面去衡量现有的选择。下一个问题是消费者议价能力，即消费者是否具备讨价还价的潜力。因此学生必须考虑到这些方面的作用，即客户集中度、转换成本、直接竞争、高固定成本以及消费者对创意已知的信息。接下来的问题是供应商议价能力，即供应商能影响和控制买方的能力。因此学生必须考虑到这些方面的作用，即供应商的关注点、转换成本、数量、直接竞争以及和所需投入相关的信息。最后是竞争者问题，即那些能够直接或者间接提供相同或相似的产品或服务的机构。因此，学生必须考虑到产品（或服务）的性质，以及品牌化、现有客户关系和能否接触到销售渠道等因素。现在让我们探讨下关于边界风险和建立风险机制的十个问题。

边界风险

创意评估过程需要学生对两个类型的风险（边界风险和企业建立风险）做出解释。在五个已经确定的边界风险中，第一个是监管风险，即创意在多大程度上是合法的、安全的，符合其他监管要求的。下一个是技术风险，即就科技层面而言，在多大程度上创意容易受到影响。接下来的问题是环境威胁，即创意的发展会对环境产生多大程度的影响。下一个是关于社会经济的风险，即该创意在多大程度上可能受到社会或经济力因素的阻碍。最后一个问题是依赖风险，即创意的发展在多大程度上依附于其他产品的产生、过程和服务。因此，和边界风险相关的因素通常超出了学生的能力控制范围，这会束缚他们创意中的商业潜力。现在让我们看一看关于企业建立风险的五个方面。

企业建立风险

将任何一个创意转变为真正的商机的过程总会存在一系列内在的风险，这些风险往往与学生做出的决策有关。第一个建立风险是筹划风险，即在多大程度上，创意的发展需要一个涉及具体策略的计划来支持。下一个是营销风险,即学生多大程度上能真正理解假定目标市场的需求和需要以及他们想要进入的市场。接下来是交割风险,即学生是否能够按承诺生产出可以提供价值的产品,以及他们是否能够按照创意建立企业机构。下一个是流动性风险,即企业在最初的创立和发展阶段开发创意时,在多大程度上能获得必要的资金。最后一项是个人风险,即在多大程度上学生能做好准备显露出他们的资金情况、时间以及人际关系情况。最后要提到的是15个关于开发创意时所需要的商业模型。

技能和经验

接下来的侧重点是将创意运用到市场中必需的技能和(或)经验上。学生需要做出正确判断的第一个问题是市场专业知识,即能够做出正确的决策为终端用户创造和传递利益的能力。其次,学生必须考虑的问题是技术专长,即必要的设计、开发和传递产品和服务的技能和知识。下一个问题是金融专业知识,即如何管理将创意商业化所需的资金。接着是经营专长,即处理一系列与创业商业化相关的由简到繁的任务的能力。最后是管理经验,即我们要致力于企业工作,而不是仅仅在企业工作。现在让我们探讨一下五种资源。

资源

如前文所述,学生创业者拥有的资源配置是最重要的。创意评估过程为我们提供了值得关注的五种类型的资源。第一个是财力资源,即研讨中的创意需要何种程度的资金支持。接下来是物力资源,即创意商业化的过程需要何种程度的物力支持。紧接着是人力资源,即在多大程度上会涉及人事事宜和(或)特殊技术人才问题。下一个是智力资源,即在多大程度上创意的发展和专业知识和(或)知识产权有关。最后一个是关系网,即在多大程度上创意的开发依赖于外界的帮助。现在让我们看一看创意评估过程的最后五个方面。

资金和辨识力

最后我们想要探讨的是我们在多大程度上能准确地开发商业模型，解释创意中的金融潜力。第一个是销售预测，即有信心能够（或应该）制订未来的销售指标。接下来是盈利情况，即对将创意商业化可获得的预期收益的信心度。紧接着的问题关于成本结构，即在多大程度上信心在实现一个健全、合理的边际收益和较低的固定成本时得以体现。下一个是金融结构，即依赖于流动资产为创意的开发提供经费的能力，而不是寻找资金的其他形式，例如股票或负债。最后一个是资金流动，即实现商业化和形成正向现金流之间所需要的时间范围。

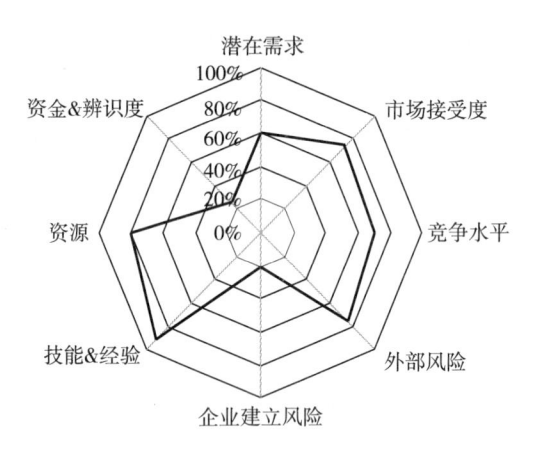

图 9-2 创意评估过程输出

因此，我们要求学生做 40 个判断，总体上形成了对创意中商业潜力的图形分析。正如图 9-2 记述的那样，这些关于商业可行性评价的分析，设定范围为 100。若是创意所占比重低于 60，则可行性过低，不值得做长远打算；若所占比重大于 60 小于 79，则被视为临界点；若是所占比重处于 80 到 100 之间，则被认为值得花更多的时间和努力去开发它的潜力。问题的关键在于每个学生有能力根据上面 40 个问题做出判断。这些判断也许是建立在直觉上的，抑或是靠个人经验或常识。问题的关键不是把这个过程的结果看作是最后的决定，即这个创意是好是坏；我们要做的是分析和评估单个或相互对立的创意，以便今后使用。

总之，我们的经验表明，当学生熟练掌握创意评估过程之后，他们可以在一个小时之内完成对创意的评估。这是非常难能可贵的，因为我们可以鼓励学生在他们学习期间细究各种各样的创意，而不是要求他们由于要完成一个可行性方案（创业计划）而过早地接受某个想法。本章最后一部分将探讨创业教育者在这些具体问题上拥有的机会。

对学生能力的反思

再次强调，在选择评估创意的方法时，教学理念是非常重要的。有几个问题是值得反思的。例如：在创意评估之前学生学了多少课程？会不会出现这样一种情况：他们将创业课程作为一门选修课来完成，学习关于创业的知识，而不是为了创业而学习、在创业的过程中学习或者经由创业而学习？如果这样的话，那么假定他们需要评估一个创意的可能性，而却没有能力获取信息评估这个创意时，你如何解决？

如果你的目标是培养学生理解创意评估的过程，那么这个过程需要尝试多少次？我们现在讨论的早期评估系统是一种简单有效的方法，让学生能够同时或分别地评价各种各样的创意，这仅仅需要学生具备与生俱来的判断力。如果你认为学生可以使用这种评估方法，那么你设想这个评估过程中在多大程度上是在开发比如一个可行性方案（一个创业计划）的过程中进行的？

深入思考这些问题需要我们退一步思考适合学生的学习结果。如果学习结果与学习如何评估创意有关,为什么要让制订创业计划的过程阻碍到学生的学习呢?换言之,如果我们真的迫切期望学生具备能力开发一个已进行深入研究的创业计划,我们是以什么为基础来判断这个创意的适合程度的?此外,我认为此刻我们不能忽略本体论的问题。某些类型的学习环境不会帮助学生掌握制订一个合理的创业计划所必需的知识。使这个困境变得更加棘手的是我们面对的学生群体具有不同水平的经验、抱负、自身知识以及学习的能力,并且我们有个潜在的问题。在这里我们给出的解决方案是用一种普遍的方法将创意评估与制订创业计划分离开来。另外的一些问题是你需要决定什么对你的学生在课程范围内的学习来说是最好的,该课程属于什么类型,你面对的学生的本质以及你的教学理念。

总之,我们无法回避的是你的教学理念对你处理问题的方法的影响。希望你可以看到,相对于第一章所持的教学理念,这里所列的方法的逻辑性。现在是时候结束这个话题,从而探讨下一个在创业教育中更加有争议的问题——创业计划。

第十章 创业计划

事先说明,我是带着对传统创业计划的个人偏见来构思本章的,对此我并不想表示歉意。在接受高等教育的过程中,学生是否应该参与制订创业计划?他们又该如何参与其中?希望我的偏见对解决上述问题有所帮助。因此,本章旨在鼓励大家对创业计划在创业教育中的使用多加思考。而我们的讨论正是基于在国际教育者调查中受访者对该问题显现出的不满。这是创业教育当前存在的问题,需要所有教育者思考解决办法。所以,本章的目标是帮助大家理解关于这个话题的各种看法,思考备选方案,并反思自己的立场。

本章由以下几部分组成:首先,我们会讨论各种支持和反对将创业计划作为一种教育工具的看法。其次,在思考我们提出的问题之前,我们会讨论一些本体论观点,为创业计划在高等教育领域里的运用提供新思路。但首先让我们简单地思考一下什么是创业计划。

什么是创业计划?

《柯林斯英语词典》(*Collins English Dictionary*)[1]将创业计划定义为详细的商业计划,包括明确的目标,为实现目标而采用的方法和策略以及预期收益,计划的运作周期通常为三到十年。另外,从学术角度

---

[1] 参见《柯林斯英语词典》(*Collins English Dictionary* 2009)。

而言,[①] 创业计划是一份阐明了企业重要信息、基本设想和财务预估的文件。它也是为新的经营理念招商引资的基本文件。从本质上讲,你想做什么,在哪儿做,如何做,需要什么内部或外部资源,预期的可持续发展程度和表现是什么,这些都在创业计划中有所体现。

现在我需要大家思考一下高等教育中创业计划的教学背景。在提到建构性协同的过程时,让我们再次探讨什么是创业计划。我认为它不是一个学习结果或一种评价方法,而是一项学习活动。为什么在创业教育中为创业计划定位听起来有些学究气?如果可以认定它既不是一个学习结果,也不是一种评价方法,那么按逻辑推断,我们应该能通过直接相关的学习结果的进展了解创业计划,并且它对直接相关的评估方法的发展有指导意义。我不相信这种教学法的正确性会围绕着目前创业教育领域的创业计划的使用。

温斯顿·丘吉尔曾说:"不管你使用的策略多么绝妙,你都应该经常考虑结果。"比尔·拜格雷夫[②]引用该句并认为,如果我们用创业计划代替策略,那么丘吉尔的话给教育者提出了恰当的建议——他们过度强调教学生如何写创业计划,却很少反思这些创业计划在实际中的发展结果。尽管这个问题值得深思,但还是让我们先看一下支持创业计划的观点。

支持创业计划

或许把支持创业计划的观点作为讨论的切入点是最简单的,因为它有很多支持者。加利福尼亚大学圣地亚哥分校雷迪管理学院的创业者发展项目带头人罗布·富勒博士认为,理解创业计划的过程是一种重要的技能,并且他倾向于帮助学生明白如何用一种可信的方式来收集并展示

[①] 参见史蒂文森等(Stevenson et al., 1999: 43)。
[②] 通过与比尔·拜格雷夫(Bill Bygrave)沟通和讨论,我在看待创业计划的价值和它在高等教育中的作用时,有了更理性的视角。

有用的数据。他强调,基于已有的数据,能够适当调整一些尚未成型的理念,是成为创业者或企业内创业者必须具备的重要技能。同样地,就职于美国格林斯博罗北卡罗来纳大学(University of North Carolina)的约瑟夫·厄尔巴(Joseph Erba)教授指出,不管创业理念最终是否得以实现,制订创业计划的过程(如能恰当讲授和管理)都是一个非常好的学习手段。而且,他认为拟订可信赖的创业计划时,我们常常会涉及一些基础但至关重要的要素和概念。

这种被普遍接受的观点的本质似乎是基于一种假设的,即我们在教学生了解一个过程,这个过程对学生在未来可能面临的情况大有裨益。这种观点之所以被普遍接受,是因为创业计划这个主题似乎是一般创业教育教材的重要元素。加拿大全球信息经纪人公司总裁莫妮卡·克罗伊格十分支持运用调查和分析的方法写创业计划,她认为无论将来你是否经商,这样做都非常有用。制订计划是实际工作的一部分。有时,把想法落在书面上似乎意义不大,但在日常生活中,这个整理思路、提出理据并得出结论的过程,似乎每天都在发生。她还认为,计划的最终结果仍然取决于学生的自身努力。因此,她认为教育者应该为学生提供机会,鼓励他们相信自己能够成功。在国际教育者调查的反馈中,我们看到很多人支持这一观点。然而,我仍然感到困惑,创业计划在创业教育中到底意味着什么?

我们教学生制订创业计划,到底是为了教学,还是因为它是融资过程中的一个驱动因素?我不确定哪一个更重要,但制订创业计划似乎已经被大家普遍接受了。正如前面章节中提到的,我有一些保留意见。但首先,还是让我们先了解一下其他几点顾虑吧。

关于创业计划的顾虑

最近,艾伦·吉布多次质疑在创业教育中过度重视创业计划的问题,原因之一是人们完全可以教条地、毫无创意地写出一个创业计划。正如比尔·拜格雷夫曾提到，创业计划本身可能是精美的，但结果又怎样呢？如果我们认为学生是在学习一个过程，那么顾虑可能会减少，但并没有消除。最近的研究结果[1]表明，"除非一个未来创业者需要从金融机构投资者或天使投资人那里筹集大量启动资金，否则他似乎没有什么理由在开办公司之前就写一份具体的计划"。如果我们认可这个研究的有效性，那么为什么我们要教学生如何写创业计划？我认为这个问题可以用很多不同的方法来解释。

第一，从国际教育者调查中可以得出一个结论：在创业教育中，给学生授课的可能是真正的创业者，或者曾是创业者，又或者根本就不是创业者。我并不认为从事创业教育的人应该有特定的生活经验。我曾经遇到过很多背景不同但十分优秀的创业教育者。

第二，有些教育工作者用发展的眼光看待学生的学习，而有些则将教育看为一个线性过程，这很正常。然而，这种差异对我们如何理解创业计划的潜在价值至关重要。对于前者而言，创业计划的价值是由每个学生的发展轨迹决定的；对于后者而言，创业计划的价值是能综合运用所学知识。

第三，有些人认为，从整体上看创业是一个逐步升级渴求资源的过程；另外一些人则认为，这个过程需要通过市场的信息反馈，不断进行调整和改进，有时并不需要一定的财力资源。或许我们无法预先精确得知这些反馈，毕竟这是个仁者见仁、智者见智的问题。

彻底拒绝创业计划

有一些教育者没有看到让学生完成创业计划的重要性。英国开放

---

[1] 参见兰格等（Lange *et al*., 2007）。

大学的科林·格雷教授并不鼓励开发创业计划；与之相反的是，他培养学生对好的计划的分析和决策能力。对此我十分赞同，我曾成功地让学生以创业计划的支持者或投资者的身份参与辩论。这个过程很有效，因为它使学生接触到制订创业计划时可能出现的各种情况。无独有偶，英国阿尔斯特大学（Ulster University）的莫里斯·穆尔文纳（Maurice Mulvenna）教授指出，创业计划教学法有些过时。他宁愿让学生分组活动，多方面探索创业起步时的情况。美国弗吉尼亚大学达顿商学院（the University of Virginia Darden School）的菲利普·萨默（Philippe Sommer）指出，除非创业者需要筹集资金，否则他们最不愿意做的就是写计划。他们做的第一件事是风险趋避。而教学生在学术活动中写创业计划是错误的起点。同时他也指出，强调写创业计划的往往是教育者而非创业者。

诚然，上述提到的两种观点都不乏热情的支持者。我们在国际教育者调查中发现一些很有趣的观点，似乎可以让我们明白为什么在这个问题上会出现分歧。澳大利亚弗林德斯大学的薛丕声副教授意识到，企业战略教师不再关注创业计划，他们把这样的探索机会留给了创业教育教科书的编者。他指出，这种教育观念的发展对我们为学生提供的技能类型有一定影响。我个人觉得这个观点很有道理。十分有趣的是，企业战略、市场营销、计算机和工程领域的教育者正把创业计划融入自己的学科教学里去。这种我们的领地被"侵犯"的感觉让从事创业教育的教师得以重新思考自己的专业特色。接下来让我们一起探讨创业计划的其他教学方法。

其他教学方法

我对让学生普遍制订创业计划有些抵触，其实这有些自相矛盾。总的来说，我既不反对也不支持。对我而言，应该优先考虑学生的真正需要。

但是在第一次上课前,我们根本无法知晓学生的需要到底是什么。因此,一个简单的方法就是给学生提供其他的选择。如果写创业计划可以帮助和启发学生,看清自己面前的路,那么就这么做吧。但是,如果学生不需要写创业计划,那为什么还要这样做呢?

询问教育者能否用自己选择的教学方法进行教学是非常有趣的。他们的答案都是肯定的。然而,只要稍加深究,就会发现很多因素限制了他们坚持自己的教学方法。这首先让人联想到课程设置的灵活性,即我们可以在同一课堂上利用不同的学习活动和评估步骤。这里有一个潜在的与创业教育中的创业计划相关的问题,即假设所有的学生都参加学习活动。这就使创业计划教学显得孤注一掷。为什么我们不去确保课程设置可以满足学生的各种实际需要呢?

再议本体论问题

在前一章中,我们讨论了创意评估的过程,赞成将创意评估和创业计划分离的做法。让我们继续刚才的话题讨论,以便探讨另外一种形式的创业计划。前面讨论过的早期评估系统使得学生能够对创意的潜在商业价值做出判断。接下来的挑战就是把这样的判断转化为创业计划。我指的不是为了满足传统创业计划的标准,而是要让学生通过判断去评估假设,思考值得回答的问题,从而为产生于真实答案的价值创造提供理据。

从本质上讲,我认为创业计划应具有实质性内容而不应仅仅参照模板。早期创意评估系统包含 40 个具体的方面,每个方面都是通过个人判断做出评估。我认为任何创业计划必须能够解释四个大家关心的具体问题以及每个问题可能会带来的风险。按照这种逻辑思考,在早期创意评估系统中,如果我们回顾个人判断的 40 种形式及其相关假设,就会产生至少 160 个问题。

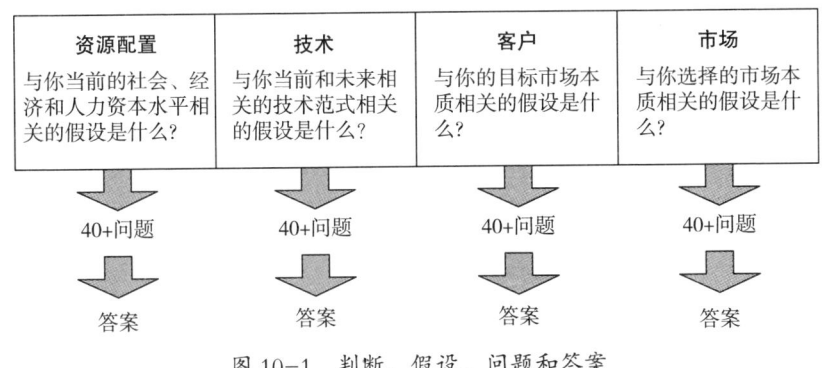

资源配置	技术	客户	市场
与你当前的社会、经济和人力资本水平相关的假设是什么？	与你当前和未来相关的技术范式相关的假设是什么？	与你的目标市场本质相关的假设是什么？	与你选择的市场本质相关的假设是什么？
↓	↓	↓	↓
40+问题	40+问题	40+问题	40+问题
↓	↓	↓	↓
答案	答案	答案	答案

图 10-1　判断、假设、问题和答案

图 10-1 呈现的是对早期创意评估系统中判断的分析。在前面提到的四个具体问题的背景下回顾每个判断，使学生在商业计划的每个方面把风险嵌入到其思维中。我认为，这对制订出一个可以缩短现实和幻想之间距离的计划是非常重要的。我提倡一种基于实质性内容的思维方式，而不是任何预先设定的模板。这种思维方式似乎和一种方法相关，这种方法可以解释学生的创意和现实之间空间性和时间性的分离。因此，学生将会从一系列的个人判断转而去考虑形成这些判断必然存在的假设。我们可以把这些假设和图 10-1 阐释的四个具体问题联系起来。这个过程会产生许多问题，这些问题能够说明对一个创意应有的审慎。

然而，我们提问的方式决定了答案的本质。从每一个假设开始，学生可以问（参照上述四个具体问题）在什么条件下这种假设会成立；相反，在什么条件下他们的假设会不成立？在这个过程中，在最后为计划的基本逻辑提供保障时，我们不会使用风险分析；而在将创意付诸实践时，我们会分析风险。因此，学生的信心是通过了解而不是猜测或假设建立起来的。接下来的想法是超越创业计划，将其付诸实施。

将计划付诸实施

比尔·拜格雷夫和他百森商学院的同事提供了一些有趣的见解。[1] 通过反思百森商学院举行的创业计划大赛，他们对比了从事体育教学和创业教学的教师给出的奖励标准。从事体育的人在乎的是比赛的胜利，而不是"写剧本"比赛。他们会问，将奖励颁给那些能写出漂亮计划书并像模像样地做展示的学生，而不考虑他们能否将创业计划付诸实施，这样做到底有何意义？我认为这个问题提得很好，值得所有教育者思考。同时，他们认为创业就像足球运动，是需要身体力行的，而不能仅仅纸上谈兵。因此，我们需要更加关注的是首先着手去做的是什么，而不是沾沾自喜地炫耀可能会取得的成果。

我很欣赏他们的逻辑。当不能确定计划是否成功时，为什么还要对其进行评估呢？创业教育的未来也许需要大家紧密合作，去分析和评估创业行为的实施。这符合塔斯马尼亚大学的4Cs营销理论。在塔斯马尼亚大学，大家分析的是过程和结果，而不是学生头脑中暂时的想法。下一种方法是培养学生策划精益创业的能力。我认为，这将会改变实施计划的逻辑，使其从思考变为行动、反思并开展更多大胆的尝试。

精益创业

埃里克·里斯（Eric Ries）[2] 开创的精益创业方法已经吸引了很多对创业过程感兴趣的人。这种方法以这样的观念为前提：我们在开发不能适应市场的产品时浪费了太多精力，从而降低了该产品成功挺过最初阶段的概率。因此，与其花时间写计划，不如让学生早一点检验自己的理念，

---

[1] 参见兰格等（Lange et al., 2007）。

[2] 想获取更多精益创业过程的信息，参见 http://www.startuplessonslearned.com/ 和 http://socrated.com/user_course/226。

和客户紧密合作并获得一手反馈,将计划付诸实施。这个方法的关键在于,理念不可行并不意味着公司也跟着失败。事实上,我们不能仅仅按照一个乐观的理念就去建立一个公司,因为我们需要通过潜在的顾客去验证这些理念。

精益创业方法为学生提供了一个不同的侧重点。其目的是使学生就核心产品或服务与客户交流,不是为了确保有竞争力的市场环境而去思考每一个产品或服务可能的特征。其目的在于早一点学习和了解并经常学习。只需推出最小可用品,学生便可以开始真正接触目标市场。因为和客户接触,学生可以添加客户需要的产品特征。因此,让我们回顾一下迄今为止提出的想法。

关于高等教育领域创业计划的运用,我们可以看到两种比较鲜明的看法。我认为,大多数是持支持态度的,因为创业计划要么是一种可以使学生获得资金的途径,要么是一种帮助学生整理思路和学会策划的手段。相反,我想少数教育者(人数在不断增加)认为,让接受创业教育的学生学习制订创业计划毫无价值。我倾向于少数人的观点,但我并不认为这两种观点截然相反。真正重要的是独立存在于各个机构的对话关系。我们面临的难题似乎是确保这个过程不仅仅是受创业资本或天使投资驱动而产生的模板。形式是要靠创意支撑的,更为重要的是,创意是基于事实的,因为最佳的学习机会来源于现实。我认为精益创业的方法是一个边规划边实践的过程,而不是一个实现已有规划的过程。所以,这个问题仍然留给你们去思考。

确定你的方法的逻辑

如前文所述,教学理念会影响你的行为。你如何看待学生的学习方式?他们应该学习什么?这样的学习应该产生什么影响?他们应该参与什么学习活动？什么类型的学习环境能够促进学习活动的开展？你将如何评估他们学习的本质？重新思考这些基本问题将使你找到答案，可以引导你在课程中使用创业计划和（或）备选方案。问题的关键在于你而不是别人。我唯一的建议是：应该思考每个学生群体的不同需求和愿望。想想如何才能给学生提供选择。教育者应在最大程度上将选择融入学生的课程，从而避免在创业教育领域中因使用创业计划而产生的争论。最终，问题的解决办法应该更多取决于你对教学理念的理解，而不取决于围绕该问题产生的争论。从而，你也能够从学生的学习需要角度理解你的教学方法是否合理。

第四部分

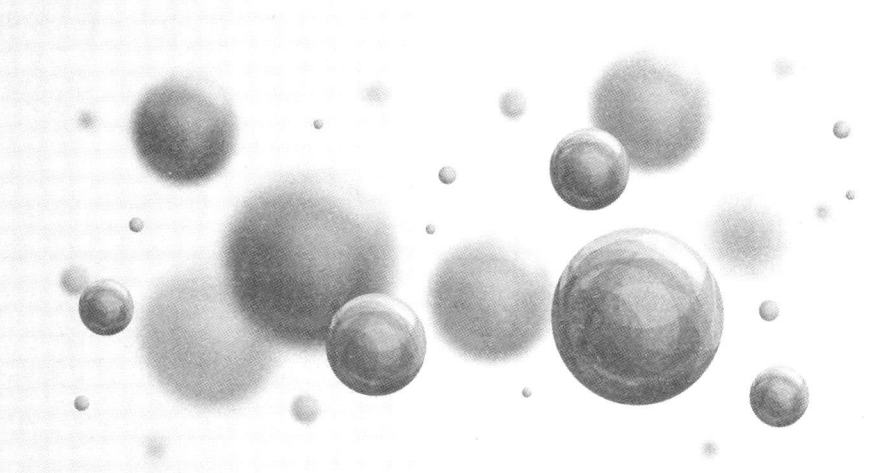

努力建设学习的生态环境

第十一章　诠释互动

最后一章旨在将前文阐述的各种观点汇总，使大家更加了解如何在高等教育中讲授创业教育。在整本书里，我们反复提到生态学和（或）进化论的观点和理论。因此，在进一步讨论之前，我想解释一下，当把这些观点融合在一起时，我们就能理解所处环境的复杂性。

一般意义上来说，生态学方法的主要任务是"描述自然群体（调查研究中的）和……其组成部分运转的基本原理"。[1] 这需要我们考虑在特定领域里相互影响的个体，理解个体之间的相互作用以及它们与环境之间的关系。这种方法带有进化论的特点，力图根据选择机制解释随着时间的推移出现的各种变异。选择机制会作用于各种变异，有些变异会在优胜劣汰中保留下来。我相信这至少为我们探讨学生和其所处的高等教育环境之间的互动提供了另外一种基准。[2] 这里主要的区别在于，就校园环境里的互动而言，教育者上升到了和学生同等的地位。因此，与其他侧重于学生发展的方法不同，我的方法主要是捕捉教育者和学生之间的对话关系，同时探讨产生这种互动环境的本质。

---

[1] 参见克拉克（Clarke, 1967）。他提出了生态学的应用意义的本质理解，具有参考价值。

[2] 参见本宁（Banning, 1978）。他的著作代表校园生态理念的出现，虽然该观点仍然未能发展成为主流观点，但仍然发人深省。

最后一个重要的观点

为了诠释这一章的目标，我需要引出最后一个观点，它为接下来的探讨提供了讨论的框架。我在前文提过，[1] 爱德华·哈斯克尔（Edward Haskell）[2] 是第一个将这种观点概括为相互作用理论的人。该理论将人按能力划分为强势和弱势群体，在本案例中，教师为强势群体，学生为弱势群体。哈斯克尔指出，弱势和强势的个体彼此之间有九种（且只有九种）本质上完全不同的（相互作用）关系。图 11-1 描述的是哈斯克尔所解释图示的改编版本。

0　代表中性相互作用的结果
+　代表正相互作用的结果
-　代表负相互作用的结果

		学生		
		-	0	+
教师	+	- + 捕食	0 + 异养	+ + 共生
	0	- 0 偏害	0 0 中立	+ 0 共栖
	-	- - 共亡	0 - 异居	+ - 寄生

改编自：哈斯克尔（1949）

图 11-1　哈斯克尔相互作用理论的改编版本

---

[1] 参见琼斯（Jones, 2010b）。
[2] 参见哈斯克尔（Haskell, 1949）。他提出的判断强势和弱势团体关系的性质问题，经受了时间的考验，其中已经确定了的相互作用这一观点，对过去及当今的生态问题都非常重要。

图 11-1 描述了九种师生相互作用的关系。值得注意的是，师生互惠互利的唯一关系就是共生关系（++）。而在共栖关系（+0）中，学生能从彼此的互动中有所收获，然而教师却未受影响。因此总的来说，对学生而言，未达最佳标准的相互作用形式多于令人满意的形式。采用相互作用理论的价值显而易见。作为教育者，我们必须了解可以给师生带来积极结果的互动。为此我们必须面对的现实是，一些学生在学习过程中或许会受到消极的影响。解决这一困难时我们会面对一个挑战。然而，我们并不理解师生之间的合作会如何影响我们和学生，我们只能希望一切都顺利。这一章剩下的部分则侧重于把本书的观点融合在一起，从而引发大家的思考，想出一种对学生和自己都有益处的途径。

想象一个新世界

在你的教学里，不是所有的一切都是完美的，如果你能接受这个事实，我们就可以设想一个更加完美的世界。我们思考的目的是要建立利益相关者之间，尤其是学生和老师之间的共生合作关系。如果这种合作关系对双方都是良性的，我们便能够接受这个事实，即不是所有的一切都是完美的。这个任务颇具挑战性，因为解释所有相关的互动作用需要很高的技能和水平。在这个过程中，就哪些因素优于其他因素这个问题，经常会有争论。这个问题我们暂且不论，在阅读本章时，如果你能思考前文所提观点，你就已经具备了思考如何讲授创业教育课程的能力，这也是本书最基本的目标。我给你提出的挑战是要你将这些观点融入创业教育中，为你所用。

创业教育的教育者想象的世界有很多相似之处，然而问题的关键是如何将你的创业教育"拼图"碎片拼凑在一起。这就解释了为何培养一种思考如何讲授创业教育课程的能力如此重要。真正重要的是不同点，而你的任务就是要明白差异重要的原因。在这里我希望大家能够接受挑战，捕捉这些影响着学生学习结果的无形因素（无论我们是否意识到）。如果我们善于思考并不断反思，便可以想象这些因素，利用并控制它们，为我们所用。

教师的"拼图"碎片

回溯贯穿本书的观点并加以思考，你将获得自己的创业教育"拼图"碎片。我反复强调了教学理念的重要性。如果你对自己的教学理念毫无意识，你就会像无舵的船，完全靠外力前进。即使了解自己的教学理念，也不能保障你能控制自己的"航行"，但至少使你有所准备，可以应对未来可能遇见的挑战。

接下来，我建议你需要对一些可能产生的学习结果做到心里有数。当学生毕业时，他们会具备什么能力？如果我们想当然地把一些我们认为对学生有用的知识一股脑儿地传授给他们，我们实际上就剥夺了他们在"此时此地"创业的机会。就此，我曾经提出了理性冒险者的概念。学生成为理性冒险者需要以创造机会获得满足感为基础，需要培养和六种特质相关的技能。因此我的课程体系是围绕着这六种特质建立的，使学生为了创业而学习且在创业的过程中学习。你的侧重点是什么？你想要融入课程的教学理念的精髓是什么？

在此过程中，一个可辨识的值得信赖的方法便是建构性协同。这又涉及了解学生的学习需求。我们不禁会思考，什么样的教学活动最适合学生，使他们能够获得理想的学习结果？什么样的评估标准可以用来衡量学生是否达到了预期的学习要求？这个过程很容易偏离轨道。可能即使你很讲究精准，也无法真正地判定学生的学习需要或构思、设计并开展这些学习活动，从而无法促进这个学习过程。问题的关键是我们要时刻关注世界范围这个领域的动态，了解学生多样性的本质以及具有合法性的教学实践。

随着我们不断地添加"拼图"碎片，我们也得出了更多假设。让我们停下来思考上文提到的一些情况。假设你很善于反思，是这样吧？就学习和教学的相关事宜，你隔多久会向同事和学生商量讨教一次？隔多久查阅文献一次，反思一次？在删减和增添教学内容时，你是否敢于尝试？隔多久你会反思自己的教学，并向会议和期刊提交论文？

学生群体存在的多样性就好像"拼图"里面的一片碎片，很难组合到拼图中。然而，没有这块碎片，最后"拼图"的全貌也会有所不同。是时候不再逃避问题了，这样我们能够意识到问题的复杂性并为学生提供更多的学习机会。在学生意识到并接受自己和他人之间的差异的过程中，他们的反思能力也会因此得到提高。

显然，我们必须假设自己能够从所在学校的教学"地形"中找到"合法性"的方向，当然,这里所说的"地形"会因学校不同而有所差异。"地形"这个词非常贴切，因为学校会推崇或排斥某些教学传统，这对于某些教师来说是难以攀爬的地带。有时，我们要在一片几乎未被开发的处女地上孤身前行。我们经常会"经过"一些对我们开放或关闭的区域。正如创业者在创业过程中会经历种种未必如他们所愿的情况，每一个从事创业教育的教育者都要做好准备，不断满足学生的学习需求。我们教学设计的初衷是为了帮助学生学习，这意味着我们要回避那些违背教学设计的种种因素。

学生的"拼图"碎片

学生手中也持有一些"拼图"碎片，甚至是比较重要的几块。他们不拿出这些碎片，你就无法将"拼图"完成。我们无法预测或强迫学生学习，在第三章讨论创业教育的本体论问题时，我们已经提过这个重要的观点。创业教育的变化性要求每个教育者能够为学生提供机会去反思他们的学习之旅。因此,我们要理解学生的学习情况本身存在着差异和不同。和许多其他以内容为主的科目不同,创业教育应该为每个学生提供机会,让他们去独自"旅行",从中受益。从某种意义上来说,作为教育者,我们应该和学生一起设计出独特的"拼图"。他们有各自不同的想法,未来发展的程度和方向也会不同。因此,踏上另外一条路会是怎样的一番风景呢?

学生头脑中的创意和他们的资源配置有关,资源配置代表着"拼图"中的碎片,它们会随着突然出现的念头而改变。如果学生的创意发生了改变,他们拥有的资源配置也会发生改变。因此,在这个"拼图"游戏里,学生手中的碎片和碎片放置的位置就会变得不确定。从事创业教育的教师具备的技能是,当学生的想法发生变化时,教师不要匆忙给拼图下结论。"拼图"的碎片并不重要,但学生在"游戏"过程中积极进取的心态却很重要。在学习过程中,学生越来越能够明白自己有能力参与创业活动。因此,每个学生的思维方式有可能会影响和制约任何一个"拼图"游戏的结构。

同样,学生的各种技能也是"拼图"中重要的组成部分,会在他们的学习过程中不断得到发展。学生的技能就好像是"拼图"游戏中的黏合剂,可以最终把碎片拼凑到一起。整个过程和学生心态的发展交织在一起。我们应该给学生足够的空间去观察这个过程。我已经详尽地阐述了反思的重要性,正是在这个反思的过程中,学生才能退一步,享受那些被忽略的事物。前面我已经讨论过了,在这个过程中,学生和教师们都拿出一些"拼图"的碎片,那么是否还有些我们看不见的碎片呢?

难以应对的"拼图"碎片

在整个"拼图"游戏中,另外一个重要的方面是学习环境。我们创造、共享和支持的学习氛围将会促进或削弱我们培养有进取心的学生的努力。在第三章我们简要地探讨了关系型信任的概念。关系型信任的存在，使教师、学生和他们共同创造的学习环境在相互信任和尊重中相互配合，相得益彰。我的看法是，只有师生之间存在关系型信任，共生关系或共栖关系才能存在。其他任何形式的相互作用都会导致长期的负面结果。

问题随之出现，你是要力求对环境产生影响，还是仅仅满足于存在其中？总的来说，在任何时候都会有很多"拼图"碎片，它们属于不同的拼图。听起来是不是有点混乱？创业教育的性质就是这样，也应该是这样。在第一章我曾提到创业教育的学习过程不是单纯地死记硬背外部的知识体系，而是对内部知识体系的自我识别过程。这个过程不会总是有事先计划好的或可预测的事件出现；恰恰相反，未经计划的、不可预测的事情时常出现。关键并不在于教师所掌握的知识，而是教师所给予的支持。我们要善于创造，而不是维持现状。我们要追求自由，摆脱束缚，正视成功和失败。回忆一下你是如何完成"拼图"游戏的。在完成任务的过程中我们总是不断尝试，不断犯错。事先我们并不知道这些碎片按怎样的顺序拼凑才能成为一幅完整的拼图，我们只能充满信心，期望最后可以成功。这是我们这些教师所面临的挑战，对学生在混乱中寻找规律的尝试要给予耐心和鼓励。正如我们无法强迫一个小孩完成一个复杂的"拼图"游戏，我们也允许学生努力寻找自己的方向前行。如果学生们无法接受挑战，中途放弃，也不是"世界末日"。关键在于让他们明白自己在挑战中的位置。这就是所谓反思的价值。

我们的观点的独特性

我们对遇见的每件事所持的世界观都具有独特性。作为从事创业教育的教师,我们面临的挑战是去加强学生的自我反思能力,去感受他们的课堂生活。学生就像是困在笼子里的鸟儿,即使我们可以打开"笼子"的门,让学生走出学校生活带给他们的束缚,也并不意味着他们就准备好了"展翅高飞"。纵观这本书讨论过的所有原因,学生不能"展翅高飞"是因为他们缺乏"起飞"所需要的资源配置。为此我们并不应该感到羞愧。重要的是,学生能够理解和感激我们没有将他们束缚在"笼子"里面,而让他们有机会领略外面的风景。

培养学生的反思能力,可以使他们做出更好、更有把握的选择。学生可以冷静地思考,了解他们在社会、人力和金融资本方面的不足来抵制住一股脑儿投入到新的"冒险"中的诱惑。对于教师,关键在于确保每个学生在你的课程范围内都有机会经历和感受成功和失败。这样他们才能了解自己是否有创业的魄力,是否善于处理人际关系、应对风险和掌控一闪而过的雄心壮志。我之所以用"一闪而过"这个词,是因为我们应该鼓励学生尽力想出更多的创意和点子。

作为教师,我们和学生共同面对的挑战是世界观的局限性和(或)丰富性。我们必须十分谨慎,了解我们共同的看法和观点一致或不一致的程度。首先,我们或许对学生要创造(或走入)的世界没有经验(或知之甚少)。在这种情况下,我们要小心谨慎,以免因我们的"无知"而束缚了学生的想象力。我们的挑战在于要确保我们引出本体论观点的重要性。其次,我们必须熟悉学生想涉足的领域。我们或许会泼他们的冷水,而他们可能根本不理解我们没有支持他们的原因。无论如何,我们应该密切关注学生的各种观点;同时,我们要耐心地和学生分享自己的判断。然而我们必须要强调他们所处的现实世界。

解密"神话"

当"拼图"的碎片杂乱无章、到处都是,我们必须拆穿许多创业者的"神话",不给任何非事实的假象以存活的空间。我的好朋友巴里·莫尔茨[①]在他的第一本书《你需要一点疯狂:创办和发展企业的真相》(*You Need to Be a Little Crazy : The Truth About Starting and Growing Your Business*)里详细地描述了创业者的困难。简单地说,单枪匹马有时让你痛苦不堪,可能会使你最珍视的感情破灭,也可能使你陷入沮丧。我们中的很多人或许都经历过所谓创业自由带给我们的负面影响。我们必须确保学生能够明白,在整个拼图过程中,什么时候应该持游戏态度,什么时候必须严肃对待;什么时候自己来拼图,什么时候让他人来评判拼图的可行性。

许多与创业教育相关的课程都在讨论创业者需要具备掌控事物的能力和实现目标的能力。我觉得我们需要谨慎地对待这些概念。同时,我们应该对自由的概念、创业者的动机以及他们未来的举措给予同样的重视。但是我很少遇见所谓自由创业者。我倒是很想问问,你认为在创业环境里什么是自由?

如果自由意味着不受时间的束缚和摆脱了对顾客和借贷方的依赖,自由也并没有那么有趣。事实上,我们需要保证在培养学生的创业精神时,需要不断让学生感受追求自由时产生的压力,因为压力产生动力。但是即便如此,我们也要把握尺度,不能盲目自信和骄傲,这一点十分重要。如果我们能够将失败和反思融入到教学中去,我们就能够为学生的成长提供强大的力量。但是,保护他们不去经历失败并学会复原,意味着我们已经严重地限制了他们的个人发展。

组合"拼图"碎片

希望你已经注意到,本书几乎没太关注学生应该学习或能够学习的

[①] 参见莫尔茨(Moltz, 2003)。他对独自前行的创业者进行了令人深思且诚实的评价。

内容。正像从一开始我所强调的那样，本书旨在为读者提供一个可以对创业教育进行反思的空间，而非学习创业教育的内容或方法。在整个过程即将要结束前，我希望你已经发现身边所有杂乱无章的拼图碎片，并思考其产生的影响。有些碎片需要你来创造，有些则不是。你可以控制一些碎片，而有些碎片最好是在你的引导下完成拼装，但在课堂上成为"隐形人"，才是教师能力最充分的展现。不要仅满足于"存在于环境中"，而是要力求"对其产生影响"，这才是秘诀所在。在控制学习环境时，我们不可能将所有碎片拼在一起，因为对每个有这种想法的人来说都意味着有太多可能的变化组合。另外，必须让学生在创造不断变化的拼图中去体验成功或失败。你可能会问这样一个问题：作为一个"隐形人"，我们如何才能获得教学效果呢？

在学生需要帮助时，给予适当的指导，让自己成为他们冒险道路上默默无言的旅伴。当学生在面对明显的困难和机遇时，要让他们有机会通过观察、反思和抽象思考把具体的经验联系起来，以找出新的解决办法。这会让他们进行内化的学习，而非只是外部的灌输。最后，请思考最后一组关于方法的问题，并以此作为结论。

对创业教育的思考

我们来探讨最为重要的问题：你的教学理念。没有教学理念，教师常常会犯错，成熟的教学理念就像是古老童话中皇帝的新衣；如若不穿这件"衣服"，就会裸露着身子，无所适从；一旦穿上被人接受并理解的"衣服"，人们就会开始推崇你的想法及意图。因此，你需要马上思考以下几个问题：你是如何理解学生的学习方式的？你认为他们应该学习什么内容？这种学习会具有怎样的影响？为了学习，学生应该开展哪些活动？需要怎样的学习环境来促进这些学习活动？如何评价学生的学习性质？如何贯彻并调整你的教学理念？

如果你在这些问题上停滞不前,我建议你最好同其他创业教育领域的教育者进行交流。由于我们都面临着相似的挑战,因此我发现这种交流会使自己思路清晰。在这个过程中,必须要取得在你的教学情境下应达到的合法性。另外,促进所有利益相关者形成互动的对话关系将帮助你形成教学理念的发展轨迹。你能够厘清这些关系吗?你会如何去处理这样的互动交流呢?

界定创业教育

在师生共处的世界里,你是如何界定创业教育的呢?很明显,你对创业教育本身及其作用的界定有一部分应源于你个人的教学理念。否则,就意味着你会依赖那些对你教学情况不了解的局外人。我支持学生的个人发展,这使我得出这样的结论:创业教育是一个转变的教育过程,教师在这个过程中要采用以学生为中心的方法,让其体验各种经历,并鼓励他们更好地去了解那些可以在今后帮助其实现满足感的能力。那么,在思考教学理念、学校问题、学生性质及他们的期望的同时,你将如何根据所处的环境来界定创业教育呢?

设想你的毕业生

如果某位教育者让你细致地描述一下毕业生所具备的能力,你将如何作答呢?你能给出令人满意的答案吗?我们探讨过理性冒险者的概念,指的是有能力创造机会来实现其满足感的毕业生。我曾和大家探讨过理性冒险者应具备的六种特质。希望我已经表明一种培养学生的特殊方式,可以满足创业生涯中种种未知的需要。

本书一直强调建构性协同过程的重要性。作为一种强有力的工具,它有助于指导你制订计划。你需要对毕业生和你认为对学生最重要的学习结果进行定性。学生在毕业时进行创业，这是个普遍的学习结果，不过我们暂且不考虑这点，你应该努力为学生提供有助于学习的活动来帮助他们了解种种未知机会，并为之做好准备。这种设想的关键在于你要了解所有学生的学习情况，这一点你做到了吗？如果不能向他人说明学生的学习情况，就意味着你要更加努力来形成自己的教学理念。不要害怕，有问题才会进步，这样我们才能明确创业教育者的责任，而这些责任正是提升自己的机遇，也同样可以帮助学生实现人生的转变。

为大象欢呼

采用生态学方法的基本前提是要能够解释各种相互作用的要素。学生的确在很多重要方面各不相同，我们必须要理解并欣赏这些差异。在课堂上，如何构建学习结果来满足学生对课堂学习的不同期望？如何设计学习活动来确保提供足够的选择空间，使每个学生都可以感到活动的意义？如何判断及衡量这些永远存在于课堂中的差异？更为重要的是，如何运用存在的差异来帮助学生提高认识自我及世界的能力？学生的多样性将会使我们有机会增强教学效果。你会好好地利用这样的机会吗？

适应所处的学习环境

在考虑师生共同面对的学习环境时，用一则古老的谚语"万变不离其宗"来描述再恰当不过了。学生的反馈会对你今后的行为产生影响，作为教育者，你是如何解释这种影响的？由于你的参与，教学氛围和整体教学动态会发生哪些改变？学生教会你哪些知识，你又从他们身上学到什么呢？虽然我们欢迎学生给出反馈，但这毕竟也是一种压力，你能自如地调整自己的学习空间及相关学习活动的标准吗?

如果你能够和学生及同事探讨环境变化的过程,就可以和不断变化的环境成为毫无间隙的整体。诚然,学生的确需要稳定的学习环境,但是教师不要假装自己提前就对未来的需求了如指掌。我们必须要接受这一事实:学生存在很多我们不了解的差异,这会对我们的调整产生压力。与他人分享会振奋人心,而闷在心里闭口不谈则会产生无尽的痛苦。你会花时间去思考学习环境中发生的变化的性质吗?诚实来讲,如果想要成为一名高素质的教育者,对于这些,你毫无选择。承认创业教育具有变化的特征需要你接受:每个班级的学生都不尽相同。也许他们更自信,也许他们已经成为了朋友,也许他们已经具备了稍许质疑所授知识准确性的能力。然而,他们都可能已经发生了改变,这种改变尤为重要。由于他们的出现,学习环境也随之发生了变化。我曾讲过的建构适合环境的过程将有助于解释这些变化。目前存在的问题是,在这种日益变化的环境中,你将如何自如地适应环境呢?

学生前途不可预见

是我们培养了能够抓住各种机遇的毕业生,还是环境塑造了他们?我认为环境的作用很大。每个学生(或学生群体)都拥有与某种特殊机遇相对的特殊资源配置。你有多大的把握使学生的现实能力与其梦想的要求相契合呢?你能够创设机会帮助学生提升资源配置的性质(对于机会而言),或是提高寻找更适合的机会的能力呢?你会给学生提供怎样的机遇,让他们体验成功和(或)失败,并将其所拥有的资源作为一种有意义的工具呢?你会允许学生反复体验成功和(或)失败,让其验证在不同的环境下资源配置的重要性吗?

这就是经由创业和为了创业而学习的本质,也是从个人经验中学习的关键。成功和（或）失败很大程度上取决于个体（和群体）在某一特定机会下拥有的素质，你会为他们提供足够的机会去思考这种关系吗？你会怎样鼓励和（或）帮助他们结识一些导师呢？要确保学生可以接触到各种真实的想法，这对他们能够为自己的学习负责至关重要。我们决不能白白浪费可利用的教学时光，只有尽量抓住这些机会，学生才会进行内化的学习。

了解自我，推销自我

人们越来越意识到培养推销能力对于接受创业教育的学生来讲至关重要。你如何帮助学生感知并应对世界上的痛苦呢？为了能够做到这一点，学生应该如何了解自己的个性呢？他们如何认识自己和各行各业的人交往的能力？学生应该学会自我推销，并且推销能力应该是他们学习结果的体现。

我提供了一个简单的（有些人可能认为很粗糙）方法去了解自己的个性及自我推销。这绝非是最好的方式，只是我个人喜好而已。你会采用哪些对你和学生都行之有效的方法呢？你采用了（或能够采用）哪些学习活动让学生学会并应用这种弥足珍贵的自我认识呢？我要再次强调，找到你教学理念的源头的重要性，从而确保你对这个领域的思考和其他的努力方向是一致的。我们不能把推销当作营销的"穷亲戚"，它们是完全不同的两个方面，都应该得到应有的重视。

取其精华，去其糟粕

学生面对的一个非常重要的挑战就是要判断哪些创意是值得花时间和精力去开发的。这一点之所以非常重要，是因为选择了错误的创意就是在浪费时间，而时间是一去不复返的。教育者必须要确保学生在选择创意时了解选择的后果。

我曾讲过必须要将创意选择和审慎评估这两个过程分开。要让学生了解评估某个创意的原因。这究竟是一个比较的过程，还是判断可行性的过程？在评估创意时，学生应该有能力摆脱时间和空间的束缚，这是教育者需要重视的问题。有时学生对创意的评估依靠的仅是个人判断而非客观事实。对学生来说，这是个一次性的过程，还是个需要多次重复才能熟练掌握的过程？显然，我们不能认为学生从始至终都有能力评估一切创意。事实上，我们应该花心思让学生知道自己在评估创意时是有局限性的，而不该允许学生在面对任务时不加努力就认为自己已经大功告成了。最后一个需要思考的问题就是创业计划。

是否要制订创业计划？

正如前文所说，我对学生是否需要完成传统意义的创业计划存有"偏见"。在现实中，我的观点无足轻重，重要的是你的观点。你的观点是什么？你是怎样得出这个观点的？这一观点如何影响你的教学理念？所有学生都会一直寻找资金来源吗？一旦他们完成该过程，就会获得有价值的回报吗？从本质上来讲，你有哪些教学逻辑来支持自己使用创业计划去促进学生学习？也许更为重要的是，在面对各类学生群体时，你的方法是否可以贯穿于每个教学环节？如何让自己的教学方法多样化，为学生提供更多选择，从而让他们有机会在学习中收获更多？

你来接力

最后，在高等教育情境下教授创业课程是一项挑战，这也是它会如此有趣的原因。任何问题的解决都不能单纯依靠某一种方法，而是要参考多种方式，这还是比较令人欣慰的。然而，能让你放松心情的只能是为自己的方法找到充分的理据，这就是教学理念为你所提供的宝贵财富。我希望你在本书中找到了可以进一步反思你的方法的空间，并且愿意继续进行这样的思考。无论你的结论是什么，我都希望你和你的学生在探索未知世界的过程中一切顺利。

附　录

附录1：国际教育者调查

作者于2009年12月至2010年5月间向自己认识的教育者以及其他拥有网络创业教育门户网站（www.entrepreneurshipandeducation.com）会员资格的教育者发放了一份调查问卷。总计收到了来自35个国家和地区的97份答卷。答卷具体情况如下：澳大利亚（10份），奥地利（1份），不丹（1份），加拿大（2份），中国（1份），多米尼加共和国（1份），埃及（1份），英格兰（12份），芬兰（1份），法国（1份），德国（4份），匈牙利（1份），印度（1份），爱尔兰（5份），肯尼亚（1份），立陶宛（1份），马来西亚（2份），荷兰（1份），新西兰（3份），尼日利亚（2份），北爱尔兰（1份），挪威（2份），葡萄牙（1份），波多黎各（3份），沙特阿拉伯（2份），苏格兰（1份），塞尔维亚（1份），新加坡（2份），南非（3份），西班牙（1份），瑞士（1份），坦桑尼亚（1份），乌干达（1份），美国（23份），威尔士（2份）。

受访者的整体特征

从教学经验来看，25.5%的受访者只从事本科生教学，其余受访者从事本科生及研究生教学。大部分受访者从事创业教育五年以上（61.9%），26.8%的受访者教龄为三至五年，10.3%的受访者教龄为一至三年。只有一位受访者的教龄不满一年。

绝大部分受访者（77.3%）为全职教师，其余的教师包括兼职教师（14.4%），住校企业家（3.1%），特邀学者（5.2%）。就创业经验而言，25.8%的受访者此前有过创业经历，21.6%的受访者目前正在进行创业实践。

附录2：创业教育教学法

英国国家大学生创业协会（The National Council for Graduate Entrepreneurship，缩写为NCGE）提出了创业教育教学法纲要。该纲要围绕八项预设的创业教育学习结果设立了一系列标准（参见http://www.ncge.com）。

学习结果框架

1. 培养重要的创业行为、技能及创业态度
2. 领悟、理解或"感受"创业者生活的世界
3. 授课内容能够包括主要的创业价值
4. 培养创业动机，保证学生准确理解比较利益的意义
5. 了解创业过程（阶段）、相关任务及学习需求
6. 掌握与创业相关的一般能力
7. 掌握创业的运作方法
8. 了解自己应与利益相关者建立的关系并结识他们

预设的八个学习结果也依次为具体的课程设置提供了整体说明。准确地说，进行课程设置时应该关注：

· 培养创业行为、创业技能及包括情绪智力在内的创业特质

・为进行创业者式生活方式做准备

・培养创业者式价值观，以创业者的方式在实践中工作、感知事物、组织事物、与人交流并学习

・在不同的情境下（不仅局限于商业情境）的创业行为与管理

・产出创意，抓住机会并使之得以实现

・富有企业家精神地、整体地、战略性地处理问题（拥有专有技术）

・处理人际关系并从中学习（掌握人际知识）

创业教育学习结果

	1. 创业行为、态度及技能的培养
培养重要的创业者行为、技能及创业态度（需要得到认同并且加以明确阐述）	课程中设置的活动在何种程度上可以培养学生： ● 寻求机遇的能力 ● 积极主动性 ● 对发展的主导能力 ● 自始至终地完成工作的能力 ● 个人控制点（自主性） ● 在信息有限的条件下凭直觉做出决策的能力 ● 建立关系网的能力 ● 战略性思维能力 ● 谈判能力 ● 推销/说服他人的能力 ● 确定成就导向的能力 ● 承担增量风险的能力

	2. "感受"创业者生活的世界
领悟、理解或"感受"创业者生活的世界	课程中设置的活动可以使学生领悟以下世界： ● 充满不确定性和复杂性 ● 在压力下从事各种工作 ● 应对孤独 ● 全面管理 ● 不推销就没有收入 ● 没有资金在手就等于没有收入 ● 建立相互信任的人际关系 ● 通过实践、模仿、即兴发挥和解决问题来学习 ● 处理好彼此的相互依赖关系 ● 工作方法灵活并适应长时间工作

3. 主要的创业价值	
授课内容能够包括主要的创业价值	该项目旨在向学生渗透并让其感悟的重要价值包括: ● 强烈的独立意识 ● 敢于质疑官方机构及其所崇尚的价值 ● 自力更生及自我信念 ● 强烈的所有权意识 ● 相信回报源于个人努力 ● "勤奋会有所回报" ● 相信能够成功 ● 坚持努力实干 ● 相信非正式的协议 ● 坚信知人信人 ● 坚信行动自由 ● 相信个人和社会团体而非国家

4. 创业动机	
培养创业动机,保证学生准确理解比较利益的意义	该项目旨在帮助学生: ● 了解创业将带来的益处 ● 对比作为员工的职业生涯 ● 结识一些创业"英雄"并与其交友 ● 了解创业者的形象特征并进行"模仿"

5. 了解经营准入流程及任务	
了解创业过程(阶段)、相关任务及学习需求	该项目将引导学生去体验: ● 从找到创意到企业生存的创业全过程,并了解每个阶段面临的挑战 ● 如何应对这些挑战

6. 一般所指的创业能力	
掌握与创业相关的一般能力(一般方法)	该项目旨在培养学生以下几方面的能力: ● 找到创意 ● 评价创意 ● 将问题视为机遇 ● 确定在任何发展阶段中会受到影响的主要人员 ● 培养知人的能力 ● 在人际关系处理过程中进行学习 ● 评估商业发展需要 ● 知道寻求答案的渠道 ● 提升情感自我意识、控制和释读情感及处理各种关系 ● 不断从利益相关者尤其是从顾客的视角去审视自己及企业

7. 主要的基本商业运作方法	
掌握创业的运作方法	该项目旨在帮助学生： ● 将产品及服务看作利益的组合 ● 开发全面的服务套餐 ● 为产品服务定价 ● 识别并接触优质客户 ● 评估竞争并从中学习 ● 利用有限的资源去监控环境 ● 选择并合理运用适合的销售策略 ● 判断适当的商业规模以维持生计 ● 制定并运用商业经营绩效的标准 ● 从不同渠道对商业进行合理的资助 ● 把创业计划当作关系交流的工具 ● 运用适合的系统去管理现金、收支、税款、利润及成本 ● 选择一名优秀的会计 ● 用最少的精力去保证公司履行所有法律规定

8. 处理好人际关系	
了解自己应与利益相关者建立的关系并结识他们	该项目旨在帮助学生： ● 识别对企业有影响力的关键利益相关者 ● 了解所有关键利益相关者在创业及生存阶段的需求 ● 知道如何去说服利益相关者 ● 知道如何向他们学习 ● 知道如何最好地建立及管理人际关系

通过以上举例说明的学习结果，我们可以真实地再现可实现的结果。英国国家大学生创业协会识别了现有的创业教育教学方法并制定了帮助教育者的指导方针。此外，该协会也列出了可以实现上述学习结果的每种教学方法。值得注意的是，并不是说只有这44种可能的教学方法，因为这个识别的过程还在继续，甚至会一直持续下去。

已确认的创业教育教学方法

1. 分组教学法
2. 创业引导
3. 使用打破僵局的策略和措施

4. 聘请演讲者或评估者

5. 采用情景分析法

6. 组织辩论

7. 利用绘图

8. 快问快答游戏

9. 快速建立人际关系网

10. 使用"一分钟演讲"策略

11. 使用旋转工作台

12. 在集体讨论中使用便利贴

13. 组织小组座谈

14. 合理利用关键事件

15. 把机构组织作为关系网

16. 利用和创业者交流时产生的共鸣

17. 跟踪记录

18. 组织角色扮演

19. 为直觉判断建立参照系

20. 使用心理计量测验

21. 使用控制点测验

22. 通过关系反馈学习

23. 渗透式教学

24. 利用成就动机

25. 利用个人推销练习——气球辩论模式

26. 合理利用机遇（包括创意和点子）

27. 合理利用做生意的方法

28. 提升学生的兴趣

29. 明确创业框架、阶段、任务和学习需求

30. 将创业计划作为关系管理的工具
31. 在创业最初阶段"幸存"下来
32. 分割新的创业项目市场
33. 制定经营标准来分析成本和控制经营
34. 案例分析
35. 练习寻找创业创意
36. 在全球化背景下探索创业文化
37. 项目评估
38. 测验
39. 利用机构审计
40. 利用推销用语
41. 民意调查
42. 鼓励寻找创业途径
43. 鼓励了解创业者的生活世界
44. 评估

　　如果你想了解更多创业教育教学方法的相关信息，请访问英国国家大学生创业协会的网站 http://www.ncge.com。

参 考 文 献

Aldrich, Howard E. and Martha A. Martinez (2001), 'Many are called, but few are chosen: An evolutionary perspective for the study of entrepreneurship', *Entrepreneurship: Theory and Practice*, **25** (4), 41−57.

Aronsson, Magnus (2004), 'Education matters – but does entrepreneurship education?', *Academy of Management Learning & Education*, **3** (3), 289−92.

Banning, James H. (1978), *Campus Ecology: A Perspective for Student Affairs*, Cincinnati, OH: National Association of Student Personnel Administrators.

Baumol, William J. (1990), 'Entrepreneurship: Productive, unproductive, and destructive', *Journal of Political Economy*, **98** (5), 893–921.

Baxter-Magolda, Marcia (1998), 'Developing self-authorship in young adult life', *Journal of College Student Development*, **39** (2), 143−56.

Baxter-Magolda, Marcia (2004), *Making Their Own Way*, Virginia: Stylus.

Beard, Colin and John P. Wilson (2002), *Experiential Learning*, London: Kogan Page.

Bennett, Alexander L. and Andrew George (2003), *Case Studies and Theory Development in the Social Sciences*, Cambridge, MIT Press.

Bhaskar, Roy (1975), *A Realist Theory of Science*, Leeds, UK: Leeds Books.

Biggs, John (2003), *Teaching for Quality Learning at University: What the Student Does*, London: Open University Press.

Bjerke, Bjorn and Claes M. Hultman (2002), *Entrepreneurial Marketing: The Growth of Small Firms in the New Economic Era*, Cheltenham, UK and Northampton, MA, USA: Edward Elgar.

Blundel, Richard (2007), 'Critical realism: A suitable vehicle for entrepreneurship research', in Helle Neergaard and John P. Ulhøi (eds), *Handbook of Qualitative Research Methods in Entrepreneurship*, Cheltenham, UK and Northampton, MA, USA: Edward Elgar.

Boud, David, Rosemary Keogh and David Walker (1985), *Reflection: Turning Experience into Learning*, London: Routledge Falmer.

Brookfield, Stephen (1995), *Becoming a Critically Reflective Teacher*, San Francisco: Jossey-Bass.

Brown, Robert D. (1972), *Student Development in Tomorrow's Higher Education: A Return to the Academy*, Alexandria, VA: American College Personnel Association.

Bryk, Anthony S. and Barbara Schneider (2002), *Trust in Schools: A Core Resource for Improvement*, New York: Russell Sage Foundation.

Bygrave, William (2010), *Personal Communications*, 6th August 2010.

Choo, Stephen (2006), *Entrepreneurial Management*, Melbourne: Tilde University Press.

Clarke, George L. (1967), *Elements of Ecology*, New York: John Wiley & Sons.

Danermark, Berth, Mats Ekström, Liselotte Jakobsen and Jan Karlsson (2002), *Explaining Society: Critical Realism in the Social Sciences*, London: Routledge.

De Bono, Edward (1995), *Serious Creativity: Using the Power of Lateral Thinking to Create New Ideas*, London: HarperCollins Publishers.

DeGraff, Jeff and Katherine A. Lawrence (2002), *Creativity at Work*, San Francisco: John Wiley & Sons.

Dewey, John (1910), *How We Think,* Boston: D.C. Heath & Co.

Dewey, John (1922), *Human Nature and Conduct: An Introduction to Social Psychology*, New York: Henry Holt and Company.

English, Jack and Babette Moate (2009), *Discovering New Business Opportunities*, Sydney: Allen & Unwin.

European Commission (2008), *Entrepreneurship in Higher Education, Especially Within Non-Business Studies,* final report of the expert group, available at http://www.ec.europa.eu/enterprise.

Gartner, William B. (2001), 'Is there an elephant in entrepreneurship? Blind assumptions in theory development', *Entrepreneurship: Theory and Practice*, **25** (4), 27–40.

Gibb, Allan (2002), 'Creating conducive environments for learning and entrepreneurship: Living with, dealing with, creating and enjoying uncertainty and complexity', *Industry & Higher Education*, **16** (3), 135–48.

Gibb, Allan (2008), 'Entrepreneurship and enterprise education in schools and colleges: Insights from UK practice', *International Journal of Entrepreneurship Education*, **6**, 101–44.

Gibb, Allan (2010), *Compendium of Pedagogies for Teaching Entrepreneurship*, available at http://www.ncge.com.

Gould, Stephen J. (2002), *The Structure of Evolutionary Theory*, Cambridge, MA: Belknap Press of Harvard.

Gurin, Patricia (1999), 'New research on the benefits of diversity in college and beyond: An empirical analysis', *Diversity Digest*, **5**, available at http://www.diversityweb.org/Digest/Sp99/benefits.html.

Hart, Gail, Michael Clinton, Robyn Nash, Alan Barnard, Diane Collins, Deanne Gaskill, Marilyn Harris, Patsy Yates and Marion Mitchell (1998), *Stories from Experience: Monograph of Practice Incidents*, Brisbane: Queensland University of Technology.

Haskell, Edward F. (1949), 'A clarification of social science', *Main Currents in Modern Thought*, **7**, 45–51.

Hayward, Mathew L.A., W.R. Forster, S.D. Sarasvathy and B.L. Fredrickson (2009), "Beyond hubris: How highly confident entrepreneurs rebound to venture again", *Journal of Business Venturing*, **25** (6), 569–78.

Healy, Marilyn and C. Perry (2000), 'Comprehensive criteria to judge validity and reliability of qualitative research within the realism paradigm', *Qualitative Market Research: An International Journal*, **3** (3), 118–26.

Heath, Roy (1964), *The Reasonable Adventurer*, Pittsburgh: University of Pittsburgh Press.

Hegarty, Cecilia and C. Jones (2008), 'Graduate entrepreneurship: More than child's play', *Education + Training*, **50** (7), 626–37.

Herrmann, K. (2008), *Developing Entrepreneurial Graduates – Putting Entrepreneurship at the Centre of Higher Education*, London: CIHE, NESTA, NCGE.

Hindle, Kevin (2007), 'Teaching entrepreneurship at university: From the wrong building to the right philosophy', in Patricia G. Greene and Mark P. Rice (eds), *Entrepreneurship Education*, Cheltenham, UK and Northampton, MA, USA: Edward Elgar.

Hinton, Geoffrey E. and S.J. Nowlan (1987), 'How learning can guide evolution', *Complex Systems*, **1**, 495–502.

Hodgson, Geoffrey M. (2001), 'Is social evolution Lamarckian or Darwinian?', in John Nightingale and John Laurent (eds), *Darwinism and Evolutionary Economics*, Cheltenham, UK and Northampton, MA, USA: Edward Elgar.

Hull, David (2001), *Science and Selection*, Cambridge, UK: Cambridge University Press.

Jones, Colin (2006a), 'Enterprise education: revisiting Whitehead to satisfy Gibbs', *Education + Training*, **48** (5), 336–47.

Jones, Colin (2006b), 'Guided by the philosophy of constructive alignment, directed by the realisation of niche construction', *Proceedings of the 29th HERDSA Conference: Critical Visions*, Perth, Australia, 10 –13 July 2006.

Jones, Colin (2007), 'Creating the reasonable adventurer: The co-evolution of student and learning environment', *Journal of Small Business and Enterprise Development*, **14** (2), 228–40.

Jones, Colin (2009), 'Enterprise education: Learning through personal experience', *Journal of Industry and Higher Education*, **23** (3), 1–8.

Jones, Colin and J. English (2004), 'A contemporary approach to entrepreneurship education', *Education + Training*, **46** (8/9), 416–23.

Jones, Colin (2010a), 'Addressing the value dilemma of enterprise education: Rising to the ontological challenge', *Proceedings of the 7th AGSE International Entrepreneurship Exchange*, Sunshine Coast, Australia, 2–5 February 2010.

Jones, Colin (2010b), 'Accounting for student/educator diversity:

Resurrecting Coaction theory', in A. Fayolle (ed), *Handbook of Research in Entrepreneurship Education, Vol. 3: International Perspectives*, Cheltenham, UK and Northampton, MA, USA: Edward Elgar.

Katz, Jerome A. (2003), 'The chronology and intellectual trajectory of American entrepreneurship education 1876–1999', *Journal of Business Venturing*, **18**, 283–300.

Keirsey, David and M. Bates (1984), *Please Understand Me: Character and Temperament Types*, Del Mar, CA: Gnosology Books.

Kim, Chan W. and R. Mauborgne (2000), 'Knowing a winning business idea when you see one', *Harvard Business Review*, **78** (5), 129–37.

King, Patricia M. and Karen S. Kitchener (1994), *Developing Reflective Judgment: Understanding and Promoting Intellectual Growth and Critical Thinking in Adolescents and Adults*, San Francisco: Jossey-Bass Publishers.

Kropotkin, Peter (1902), *Mutual Aid: A Factor of Evolution*, New York: McClure Phillips & Co.

Kuratko, Donald (2005), 'The emergence of entrepreneurship education: Development, trends, and challenges', *Entrepreneurship Theory and Practice*, **29** (5), 577–97.

Lange, Julian, A. Mollov, M. Pearlmutter, S. Singh and W.D. Bygrave (2007), 'Pre-startup formal business plans and post-startup performance: A study of 116 new ventures', *Venture Capital Journal*, **9** (4), 1–20.

Lansdell, Matthew (2009), *Towards a Model of Student Entrepreneurial Value*, unpublished Honours Dissertation, University of Tasmania.

Lewontin, Richard C. (1983), 'Gene, organism, and environment', in David S. Bendall (ed.), *Evolution from Molecules to Men*, Cambridge, UK: Cambridge University Press.

Lodish, Leonard, H.L. Morgan and A. Kallianpur (2001), *Entrepreneurial Marketing*, New York: John Wiley & Sons.

Magee, Bryan (1975), *Popper*, Glasgow: Fontana/Collins.

Mahoney, James (2003), 'Tentative answers to questions about causal mechanisms', *Proceedings of the American Political Science Association*, 28 August, Philadelphia, PA.

McWilliam, Erica L. (2009), 'Teaching for creativity: From sage to guide to meddler', *Asia Pacific Journal of Education*, **29** (3), 281–93.

Moltz, Barry (2003), *You Need to Be a Little Crazy: The Truth About Starting and Growing Your Business*, Chicago: Dearborn Trade Publishing.

Odling-Smee, John F. Kevin N. Laland and Marcus W. Feldman (2003), *Niche Construction: The Neglected Process in Evolution*, Oxford: Princeton University Press.

Palmer, Parker J. (1997), *The Courage to Teach: Exploring the Inner Landscape of a Teacher's Life*, San Francisco: Jossey-Bass.

Parker, Clyde A. (1978), *Encouraging Development in College Students*, Minneapolis, MN: University of Minnesota Press.

Peirce, Charles S. (1908), 'A neglected argument for the reality of god', *The Hibbert Journal*, **7** (1), 90–112.

Penaluna, Andrew J. Coates and K. Penaluna (2010), 'Creativity-based assessment and neural understandings: A discussion and case study analysis', *Education + Training*, **52** (8/9), 660–78.

Perry, William G. (1968), *Form of Intellectual and Ethical Development in the College Years: A Scheme*, New York: Holt, Rinehart & Winston.

Pianka, Eric R. (1973), 'The structure of lizard communities', *Annual Review of Ecology and Systematics*, **4**, 53–74.

Pittaway, Luke (2010), *Personal Communications*, 29th August 2010.

Scott, David (2001), *Realism and Educational Research: New Perspectives and Possibilities*, London: Routledge.

Sears, Paul B. (1980), *Deserts on the March*, Norman: University of Oklahoma Press.

Smilor, Raymond W. (1997), 'Entrepreneurship: Reflections on a subversive activity', *Journal of Business Venturing*, **12** (5), 341–46.

Stevenson, Howard H, Irving H. Grousbeck, Michael J. Roberts and Amar Bhide (1999), *New Business Ventures and the Entrepreneur*, (5th ed.), McGraw-Hill.

Storey, David (2009), *Personal Communications*, 14th July 2009.

Timmons, Jeffry A. (1999), *New Venture Creation: Entrepreneurship for the*

21st Century, San Francisco: Irwin McGraw-Hill.

Tyler, Ralph (1949), *Basic Principles of Curriculum and Instruction*, Chicago: The University of Chicago Press.

Veblen, Thorstein (1925), *The Theory of the Leisure Class*, London: George Allen & Unwin.

Volkmann, Christine (2009), *Educating the Next Wave of Entrepreneurs: Unlocking Entrepreneurial Capabilities to Meet the Global Challenges of the 21st Century*, Geneva: World Economic Forum.

Warwick Centre for Education and Industry (2001), *Independent Research into Learning for Enterprise and Entrepreneurship*, Warwick, UK: Warwick University.

Weber, Max(1968), *Economy and Society*, New York: Bedminster Press.

Whitehead, Alfred N. (1929), *The Aims of Education and Other Essays*, New York: The Free Press.

译后记

翻译西方著作重在思想之传播，而非仅仅文字之传译，在此基础上，"标信达雅三义"乃为严复译述西方名著之基本遵循，也是本团队不辞辛苦迻译"创新创业教育译丛"的根本指导思想。

作为12本"创新创业教育译丛"最先付印的两本著作，《本科生创业教育》和《研究生创业教育》均为澳大利亚学者科林·琼斯所著。科林·琼斯目前任教于昆士兰科技大学，是具有独特的创业实践经验和丰富的教学经历的创业教育工作者。他于20世纪80年代从事金融投资业，后建立塔斯马尼亚贵宾家庭服务特许经营集团。多年积累的人生阅历使他对创业教育理论与实践具有独到见解。2000年后，科林·琼斯全身心致力于高校创业教学及研究，取得了创业学博士学位，并荣获了多个创业教学和研究方面的卓越奖项。

将《本科生创业教育》一书引进国内的想法始于2012年。我当时在香港中文大学做访问学人，针对高校创新创业教育集中进行深入研究，迫切希望看到国际同行撰写的创业教育著作。读到科林·琼斯的《本科生创业教育》，立即被他提出的以学习者为中心的教学理念深深吸引，他对于创业教育的本质、目的、价值等问题的深入思考与我产生了强烈的共鸣。访学结束后，我便开始尝试着将这本书介绍给更多的同事和学生，大家普遍反响热烈，一致觉得这本书非常"接地气"，直面创业教学中的实际问题，极具启发性和借鉴性，这些真实反馈更加坚定了我要把这本书译成中文的想法。

在此期间，我们的团队与科林·琼斯本人建立了联系。他对中国的创业教育充满兴趣，十分期待自己的著作能够早日与中国读者见面，并且希望其刚刚完成的《研究生创业教育》一书也可以由我们一并翻译成中文与中国读者见面。

《本科生创业教育》和《研究生创业教育》为姊妹篇，虽然这两本书的教育对象不同，但是教学理念一以贯之，通过不同的方法来落实；篇章结构一体同心，利用不同的思想来区分；行文表述一气呵成，划分不同的层次来深化。正是这些同中之异，使得细心的读者可以深刻地洞察到，如果说《本科生创业教育》旨在推行以学习者为中心的教学法，以便思考如何教授本科生创业教育的话，那么《研究生创业教育》则旨在明确研究生创业教育和本科生创业教育的思维差异。因此，虽然两本著作保留了相同的结构，但也敏锐地注意到了研究生和本科生的学习动机和学习过程之间存在的细微却又重要的差异。两本著作在持续讨论挑战性问题和其可能的解决方案时也都保持着各自的独特性和创新性，并且以探究问题的方式督促大家反思自己的教学实践。更为重要的是，作者通过持续深入开展国际创业教育者调查，使得两本著作得以创造性地融合了全球百余位创业教育工作者的意见，给读者以广阔的国际视野。虽然科林·琼斯本人一再强调创业教育工作者没有特殊的人生阅历要求，但是由于作者本人具有丰富的创业经历，因此，在他的著作中，读者看到的不是高深莫测的模型或理论，而是其着重讨论的创业者实际面临的最大困境，以及创业教师在教学中最为关心的问题。

两本译著的顺利面世与"创新创业教育译丛"翻译团队全体成员的热情投入、互动创造密不可分。我尤其要衷心感谢译丛主编杨晓慧教授的悉心指导和全力支持，给团队成员以强大的精神信念支撑；吴瑕、汪溢、武晓哲、常飒飒等团队核心成员协同攻关，攻克了很多语言翻译上的难题；张婧宁、曾艳、赵兴野、李思逸、于洋等同事帮助完成了大量基础性工作。

大家平日里一直是白天个别交流,晚上集中翻译,周末共同研讨,可谓焚膏继晷、夜以继日、夙夜在兹、心无旁骛,以无穷的压力和无限的快乐编织每一天的生活。我们的倾心付出和努力奋斗都源于一个共同的梦想,那就是要为中国创新创业教育事业的蓬勃发展奉献自己的全部力量。在此,我还要郑重感谢商务印书馆对译丛出版的大力支持。

王占仁

2015年12月26日

图书在版编目（CIP）数据

本科生创业教育／（澳）科林·琼斯著；王占仁译.—北京：商务印书馆，2016
（创新创业教育译丛）
ISBN 978-7-100-12310-5

Ⅰ.①本… Ⅱ.①科…②王… Ⅲ.①本科生—职业选择—研究 Ⅳ.①G647.38

中国版本图书馆 CIP 数据核字（2016）第 139338 号

所有权利保留。
未经许可，不得以任何方式使用。

创新创业教育译丛
杨晓慧 王占仁 主编

本科生创业教育

〔澳〕科林·琼斯 著
王占仁 译
汪溢 吴瑕 武晓哲 常飒飒 校

商务印书馆出版
（北京王府井大街36号 邮政编码100710）
商务印书馆发行
北京市松源印刷有限公司印刷
ISBN 978-7-100-12310-5

2016年6月第1版　　开本 787×960　1/16
2016年6月北京第1次印刷　印张 13

定价：38.00元